往 事 偶 記

往事偶記

陳岱孫 著

中和出版
OPEN PAGE

作者像

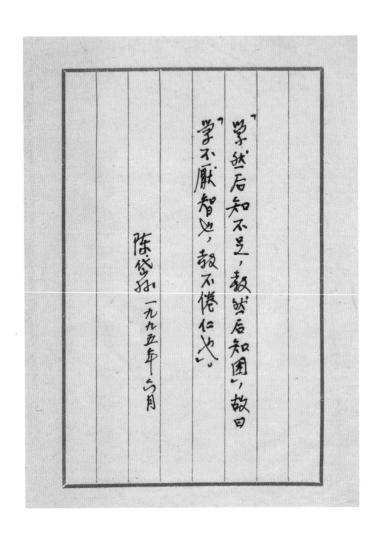

"学，然后知不足，教然后知困"，故曰"学不厌智也，教不倦仁也"。

陈岱孙

一九九五年二月

作者手跡

目錄

往事偶記（代序）

　　我於 1900 年 10 月生於福建閩侯的一個所謂「書香門第」的家庭，實際上就是一個中落的舊官僚家庭。我的祖父，曾考得進士，供職翰林院。散館之後回了家，就聘於福州鰲峰書院任山長之職終其身。在這個封建式的家庭中，他是一個嚴厲的統治者。

　　我在家裡是長孫，父祖輩都以「克紹家風」為期待。清末「廢科舉，立學校」斷絕了「正途出身」的道路。但我的幼少年教育仍然延續着傳統的模式，從六歲至十五歲都在私塾讀線裝書。甚麼經、史、詩、文都以不同的分量、不求甚解的要求，填進了腦子裡。

　　在私塾的最後四年我經歷了一個胡亂偷看書的階段，老師管束很寬，而我對於塾裡的「正經書」的學習感到乏味。恰在這時候，我發現了一個裝滿書箱的藏書閣樓。從此，我就在應付「正經書」學習要求之餘，鑽進這個閣樓選擇一些似乎可以看懂的書，甚麼歷史傳記、筆記、小說、詩歌、詞曲等等，亂七八糟的無所不看。因為是偷看，所以總是躲躲閃閃，

匆匆忙忙地看了一本又一本。這樣的亂看當然沒有甚麼益處，但也增加了一些生活的知識。

推翻清皇朝的革命發生於 1911 年，在此前好幾年清皇朝早已頒佈了「廢科舉，立學校」的命令。外邊的世道變了。我的祖父於 1912 年冬去世了。但當我祖父在世的時候，外界的新風吹不進我的封建家庭，孩子們的教育還是一仍舊貫。「洋學堂」式的各級學校已相當普遍，私塾已到了末日，我們成為末代私塾的末代學生。祖父去世後，我們的父輩不能不認真考慮下一代的學習問題了。1913 年，讀書的生活發生了重大變化。在我十三歲的那一年，我除了還在私塾讀書外，又請附近小學一位老師教英文、算學。經過兩年這樣補習，我終於在 1915 年秋季考入附近頗為有名的鶴齡英華中學的三年級。當時中學實行的是六年一貫制，所以中學三年級也就是初三年級。

我於 1915 年秋入中學時已十五歲，自己覺得耽誤太久了，年紀太大了；按部就班地再念四年中學才畢業，太晚了。恰好這個中學當時為我們這些「半路出家」的「老」學生開了一個方便之門。鶴齡中學是一個教會辦的學校，每一年級的課程都分為兩部 —— 中文部和外文部，中文部教的是國文、經書、中國史地等等；外文部則包括英文、外國史地、數、理、化、生各科。各班有的上午上中文課，下午上外文課；

少年陳岱孫與母親羅伯瑛

有的上午上外文課，下午上中文課。對每年級的正規生，要求兩部課程都要學習。但中文有一定基礎的學生可以在入學考試時，申請參加中文特別考試，報名入「專讀班」。申請參加特別考試的學生，除和應考正規學生一樣要參加規定的各門入學考試外，還要參加三場中文考試，寫三篇文章——經義、史論和時事對策。考試及格被錄取後，「專讀生」可以免修各年級的全部中文部課程，專讀外文部課程，這樣就可以大大縮短上學的年限。唯一作難的是，如果這三場中文考試不及格，即使其他規定的各門考試都及格了，考生不但不能錄取為「專讀生」，也不能退一步請求入正規班，我和一些自認為年齡太大的學生一樣，只好「背城借一」硬着頭皮去應這特別考試。幸而被錄取了。在這個中學，我以兩年半的時間讀完了最後四年的外文部課程，於 1918 年年初畢業。年限是縮短了，但這樣連蹦帶跳的學習卻帶來了不小的損失。對其他課程，問題不算太大，但數學卻遭了殃。例如代數和幾何同時念已經夠麻煩的了，上半部代數和下半部代數，上半部幾何和下半部幾何同時念更是搞得糊裡糊塗，雖然不知道當時如何也都混得及格，但基礎打得不扎實，從此對於數學產生了畏怯的心理，也就斷絕了後來曾一度有意學習理工科的道路。

　　1918 年中學畢業後，在家準備了幾個月，夏初到上海應

清華學堂的插班考試，獲取入高等科的三年級。清華當時的學制是八年，分中等、高等兩科，每科四年。高等科的一二年級約等於高中的二三年級，而高等科的三四年級則等於大學的一二年級。

清華在上海的考場設在四川路的青年會附中內。為了便於應考，我住在當時所謂英法租界交界馬路的三洋涇橋段一個小客店內，客店東邊不遠就是黃浦灘，緊張的三四天考試過去後，一天下午我去黃浦灘走走。沿江是一片綠化帶，細草如茵，間以疏落有致的樹木。我正待步入公園時，忽然看到放在草地前沿的一塊白地黑字的牌子，上面寫着「華人與狗不許入內」幾個大字，對於這橫逆和凌辱，我當時是毫無思想準備的，因為關於這類牌子的存在我是不知道的，我陡然地止步了，瞪着這牌子，只覺得似乎全身的血都湧向頭部。在這牌子前站多久才透過氣來，我不知道。最後，我掉頭走回客店，嗒然若喪，第二天乘船回家。我們民族遭到這樣凌辱創傷，對一個青年來說，是個刺心刻骨的打擊。我們後來經常批判那個年代出現的所謂各種「救國論」，但是只有身歷了這樣心靈上創傷的人才會理解「救國論」，有其產生的背景。

在清華兩年，只是應付功課，但也忙得可以。鶴齡中學畢業和清華高等科三年級相銜接的差距不大，但清華高等科三年級學生，經過了六年來年年的淘汰，和插班生的不斷的

遴選補充，都有一定的水平。由於眼光都看着將來選送出洋
學習的機會，學習都十分努力，競爭是劇烈的。

在清華第一學年的結束前，趕上了「五四」運動。當然，
遊行、請願、宣傳等活動都參加了，但也只有搖旗吶喊的份
兒。我當時總覺得我們似乎有一個基本問題需要解決。想起
了古書中所說的「足食足兵」的重要性和積貧積弱顯然是導致
橫逆的原因，那麼富強似乎是當務之急，這也許是一種糊塗
的「經濟救國論」的意識罷，但當時卻沒有賦以甚麼「論」的
外衣。

1920 年夏我從清華畢業了，經過甄別，獲得了公費留學
美國的機會；秋天，遠渡太平洋到美國中西部威斯康星州立
大學，插入三年級；真的以經濟學為專業了。

在威斯康星州立大學平平穩穩地讀了兩年，得了學位，
然後，幾乎完全為了慕名而申請入了美國最古老的大學 ——
哈佛大學 —— 當研究生。在哈佛大學讀了四學年。

哈佛大學四年是我學習最緊張的年頭。美國大學本科的
功課一般並不繁重，所以，在威斯康星州立大學時，不需要花
太多的時間便可應付裕如。星期日、假日經常和同學們到附
近參觀、旅行，藉悉異國的習俗、風尚。兩年下來，成績雖
不算翹楚，但亦不弱於儕輩。因此，對於學習不免產生了掉
以輕心的情緒。但到了哈佛研究生院後不及一兩個月，驕矜

之氣被徹底打垮了，從此開始了一段發憤讀書的生活。

哈佛經濟系這一學年新入學的研究生大約有二十幾人，其中又約有一半是在大學畢業參加一段教書研究工作之後才來再求深造的。他們的底子較厚，思想較成熟，其他從本科畢業直接升學的人也十有八九是各大學畢業班中的尖子。在同班中，不少人後來被證明在學術上有一定成就，例如，後來鼓吹「壟斷競爭」學說、當上哈佛大學經濟系教授的張伯倫，回到瑞典斯特哥爾摩大學任教、後來獲得諾貝爾經濟學獎金的奧林，在當時都已露了頭角。經濟系研究生有一個自修室，自修室旁邊有一個「西敏納爾」（討論班）小教室。我們這第一年的研究生，除了上課外，大部分人每天都來自修室，經常相互問難。當分歧激化，為了避免干擾別人，執辭不一的人就退入討論班小課室，然後大聲爭辯，這種場合我也有時參加，但不久就有點內怯，感覺到自己的學識大不如人。四年發憤苦讀的生涯就是在這壓力下逼出來的。在這四年中，沒有星期休日；除了有兩個夏天離校參加中國留美學生夏令會的二十天外，寒暑假也基本上取消了。

在研究院兩年後，我獲得了一個更好的讀書條件。由於導師教授的推薦，我被批准在圖書總館書庫裡使用一個擺有一小書桌的研究小隔間的權利。這樣，我不但可隨時憑證入庫，而且可以整天待在裡面讀書，隔間的旁邊就是書庫的一

排一排書架，我再一次感到典籍的浩瀚而自己是如何淺嘗無知。我在哈佛大學最後兩年基本是在這隔間中度過的。書這樣多，方面這樣廣，我又患了貪多務得的毛病。除了經濟學專業書籍外，我還常常瀏覽了一些其他社會科學、哲學、歷史等名著。有時到了下午四五點鐘，實在累了，我就到圖書館另一層的一個特設的文學閱覽室去。那是一個四圍羅列歐美文學名著的開架閱覽室，入室不許帶書包或自己的任何書籍。在寧靜的環境、柔和的燈光下，我藉此消磨了晚飯的兩小時，也就消除了一天的勞累。

這是我平生一次最長期的密集的讀書時間。雖然確也涉獵了不少書籍，但這樣經常是看着一本盯着另一本的讀法，到底有甚麼用處也是可以懷疑的，然而當時是以之為樂趣的。我離開哈佛大學時，別的沒甚留戀，就是為這個密集讀書生涯的結束，有點惘然。

在哈佛大學四年，得了碩士（1924）、博士（1926）學位後，學業結束了。我獲得留學生監督處批准預支餘下的四個月的公費和回國旅費，於 1926 年 4 月渡大西洋到了歐洲。1926 年，歐洲主要國家如英德等國經濟情況比較穩定，生活費用較高。只有法國適值一個通貨膨脹時期，法郎匯價不斷下跌；對於我這樣懷的是外國貨幣的人來説，生活遠為便宜。所以在歐洲時間，除了在英國和大陸若干國家作短暫的旅行

陳岱孫（左）與同學李榦（中）、曾昭承（右）在哈佛大學校園（1924）

外，我主要定居在法國，在巴黎大學聽課。巴黎大學像一般歐洲大陸許多國家的大學一樣坐落在城區，教室緊靠馬路，沒甚麼門禁。任何人可以不經批准自由進入教室坐下聽講。只要循規蹈矩，絕沒人加以干涉。北京大學在沙灘的當年也有類似的傳統。當時不少有志於學問而無力入學的窮學生是北京大學的「偷聽生」。這個傳統是值得讚賞的。為甚麼要高其門牆拒這些人於千里之外呢？

1926年底，資斧不繼了。買了一張從馬賽到上海的船票後，便不名一文。借了十英鎊以為火車及沿途之用，才勉強成行。走了三十幾天才到上海，轉回闊別七年的福建老家。

前途如何，有點茫然。學的是經濟，但絕無意於銀行、商業。這正是第一次大革命年代。到上海時，北伐軍已佔領了武漢。回到家不久，我忽然收到一位向未謀面的先後期同學從武漢來的電報和信，讓我到武漢去參加工作；說了些革命形勢進展至速，財經人才至缺，學以致用等等的話。心為之動，但七年在外，行裝甫卸，想多盤桓幾時再去。所以，我覆信給那個朋友告以實情，答應於短期休息後，即去武漢聆教。接著北伐軍又打下了上海、南京。但忽然革命形勢大變，寧漢分家，第一次革命失敗了。在武漢那位朋友被迫離開了武漢暫返上海，來了一信略說事變的經過，抱歉地說，前事不能再提了。恰在這時候，我接得清華大學的電報和聘書，讓

我去經濟系任教。我接受了。八月首途，由於京滬火車不通，北上之船沿途耽擱，九月初才到北京。學校已上課兩天。到校報到之翌日就上課堂，從此開始了幾十年的教學生涯。

在清華的頭五年，我整天忙於教學。經濟系四年的專業課不算少，而教師不算多。每個教師每年都得擔任三門課，每星期八至九小時。在哈佛大學時，我的專業方向是財政金融，在清華主講的也有這一門。在教學過程中，我特別感到對於中國有關這些方面的歷史和現況的知識太不夠了。因此在這幾年中，我在這些方面花了不少時間來充實自己，也以之補充教課的內容。

1932年清華大學給我一個休假研究一學年的機會，並提供了旅費和等於一個學生助學金的生活津貼。我又去歐洲住了一年。這次出國目的是為了寫《比較預算制度》一書做準備工作；關於這方面的資料，國內幾乎完全沒有。在巴黎我住了半年，在倫敦住了四個月。這又是一次甚為密集的讀書階段。但這次讀書範圍明確，只以和專題有關者為限，在巴黎除了週末聽次歌劇或交響樂演奏外，幾乎每天都在法蘭西國家圖書館搜找、抄錄有關的資料。在倫敦，大部分時間也消磨在不列顛博物院裡。成果還不錯，搜集的資料陸續寄回清華以備回國後整理。但一個不期的事件打斷了在倫敦的工作。

三十年代頭幾年，全世界資本主義國家處於1929年經濟

任教清華時的陳岱孫（1930 年代初）

危機後的一個長期蕭條階段。1933 年初幾個主要國家發起，於是年夏在倫敦開一個世界性的「國際經濟貨幣會議」，希望在這會上達成某種協定以緩和在國際貿易、匯兌措施上相互卡脖子的局勢。所有國家都被約參加了。中國當然也是被約參加國之一。

當時中國受到經濟大蕭條的打擊遠沒有如其他許多國家那樣嚴重。但我們卻為蕭條中出現的一情況所困擾。那就是所謂「白銀問題」──銀價下跌影響及其對外匯率和國際貿易與支出的影響等問題。大蕭條時期南京上海的政治金融利益集團曾因此而惶惶不安。利益集團的代表宋子文曾藉這個國際會議將開之際去美國和美國中西部銀礦主利益集團勾搭，希望能在這會上為白銀利益集團撈點好處。白銀跌價對中國經濟當然不無不利的影響，例如外債負擔的加重等等。但在另一方面，我們國內生產沒有受到蕭條的更嚴重的打擊，未始不在一定程度上拜銀價下跌之賜。我們所憎惡的匯價高漲也許還是一種「偽裝下的祝福」。這一點卻為國內經濟界和經濟學界所忽視了。

我曾於 1932 年底去日內瓦幾天。當時中國正在國際聯盟控告日本發動「九一八」事變和建立偽滿洲國的侵略。南京政府起用了閒置多年的老外交家顏惠慶代表中國來日內瓦和日本周旋。我去日內瓦的目的是為了看看這一鬥爭的現場情況。

在和顏惠慶一次遇見的閒談中，我略述了我個人對於白銀問題的意見。也許是由於這一次的接談，當顏受命去倫敦組織中國參加「國際經濟貨幣會議」的代表團時，他找我以專家的身份參加代表團。我告訴顏我有顧慮，因為宋子文當時正從美國來到英國，傳聞他將任中國代表團團長，我的觀點和他所代表的利益集團的企圖是背道的。顏說，宋只參加開會式，開會之翌日就去歐洲大陸返國，而他自己將是代表團的首席代表。我於是答應了，在開會期間，我天天參加大大小小的會，但中國當時是一個積貧積弱的國家，對於會上利害折衝的問題，毫無置喙的餘地。參加這種會，精神是苦悶的。

會開了一個多月，爭吵得厲害但毫無結果。晴天一個霹靂，新就任的美國總統羅斯福，沒有打任何招呼，宣佈他的「新政」措施，給會議以致命的打擊。先前想通過會議達成某些國際協議的希望完全破滅了。會議草草宣佈結束，各國代表都鳥獸散；我恰在這事情發生前十幾天得到「太平洋學會」的電報，讓我於八月中去加拿大的邦佛城參加它的雙年會。我並不是「太平洋學會」會員，算是客人罷。倫敦會議的結束解決了這兩個會議時間的可能衝突。我盡幾天之力寫了一個參加倫敦會議的總結報告，交給顏惠慶，隨即搭船去美國轉去邦佛。

「太平洋學會」是一個民間組織。邦佛年會本來會序也側

重於討論從民間的角度如何緩和大蕭條對太平洋地區各國衝擊的問題。羅斯福的新政措施的宣佈，對於邦佛會議也產生了「釜底抽薪」的作用。主題提不上日程了。會開得很不出色，十天左右匆匆地收了場。會後，我在加拿大洛磯山幾個名勝湖區轉了一轉，借作休息，九月初就搭船返國回到清華重理粉筆生涯。

1933 年後，國內情況很不好。外侮日亟，而當道者方致力於內訌，華北時局尤為險惡。1935 年，清華決定停止在校內修建一座規模頗大之文、法學院大樓，把這四十萬元的基建款轉投資於長沙嶽麓山，籌建一套新校舍，以作華北戰事爆發的退步。1937 年戰事爆發後，北大、清華、南開聯合搬長沙組織臨時大學。地點的選定和已有校舍的經營不無關係。但當臨大在長沙於十月開學時，新校舍尚未竣工，到了將大致可以利用的翌年春，臨大又再搬昆明了。

盧溝橋事變時，我在北京。十來天後，我和幾位校內同人去盧山開會。會上雖然也有慷慨陳詞者，但主要的基調仍是委曲求全，會後下山北上到天津，戰事已起，平津交通斷絕。我困在旅店，直至平津地區全部淪陷，兩地通車才回北京，暫住城內友寓，和校內電話聯繫。校務會議同人（梅貽琦校長尚在南京）因城郊交通沒有保證，不讓我返校，而來城裡和我一起開個會，建議我即日南下商量遷校事宜。當時使我

稍有遲疑的是對分放在校內寓所及圖書館樓下研究室的在歐洲搜集的關於預算問題的資料和這二三年陸續寫的手稿的保存的關懷。但一轉念，打仗總得有損失，凡此一切只可當它已毀於炮火。當即決定不回校寓，翌日即返天津，乘船到青島，轉赴南京。到南京後，知道已決定北大、清華、南開三校聯合在長沙成立臨時大學，又匆忙奔赴長沙。

臨時大學在長沙上了一學期課，上海退卻，南京陷落，武漢告急，臨時大學決定遷昆明。我和臨大南嶽文學院幾位同人結伴由公路經廣西，入越南，由滇越鐵路到昆明。臨時大學改為西南聯合大學。昆明臨時租借的校舍不敷用，聯大的文、法學院暫搬蒙自，上了一學期課又搬回昆明，從此聯大在昆明經歷了八年歲月。

1945 年 8 月日本投降。消息乍傳，許多人都以為可作立即北返之計，但很快地知道其為不現實。學校當局不久就做出 1946 年夏秋間復校的決定，由三校各自先行派出先遣人員接管、修葺平津校舍，我被派同土木系王明之教授於 11 月飛平，組織並主持「清華校舍保管委員會」工作。

保委會工作進行約十個月，工作人員約三十人左右。由於清華校舍為日軍佔用嚴重破壞，保管修葺工作十分緊張。保委會進駐學校時，佔用校舍之日軍傷兵醫院只能讓出貫穿清華園中部小河的南岸的校舍，北岸仍然住滿了待遣返的日

軍傷兵；雙方劃河為界。我們人員白天工作之餘每天晚上還得分班和日軍士兵隔河相望地巡邏各自防區。日傷兵最後一批於翌年 8 月才遣送完畢。但修繕工作不能等待。經過一個多月的籌劃，1946 年新年就開始招標、備料、包工；一解凍就全面開工；到了 8 月，勉強做到可接待從昆明回來的師生和初步滿足秋季始業的教研工作各方面的要求。

從復校到解放只有短短的兩年。但這兩年卻使人確信國民黨政權已經完全腐化；垮台就在目前。1948 年暑假後，時局有急轉直下之勢。有些人辭職走了。有一天晚上同系的一位教授來找我，說他決定全家去美國，勸我早為之計。我說我理解他要走的心情，但我不走，也不準備後悔這個決定。清華於 1948 年 12 月解放。翌年全國大部分都獲得解放，1949 年 10 月 1 日，中華人民共和國宣告成立。「中國人民站起來了」的宣言，表達了一百多年來備受橫逆凌辱的中華民族的一致宏願。

我還在清華工作到 1952 年。1952 年，北京院系調整，新成立「中央財政經濟學院」。我轉到這個學院。翌年這個學院取消了，我又轉到北京大學，從此一心一意地繼續做教學工作。

回顧一下，應該說我的一生是和書打交道的。而我對於讀書也確乎有興趣。但可惋悔的是在結束了學生生活之後，

讀的書越來越少，還出現了空白時期 —— 八年抗戰，十年浩劫，一下子就去了近二十年。

書總是要讀的。人類的進化賴於知識的積累；而知識則主要藉書而傳遞。「讀書無用論」是一個大騙局；再不能讓人們有日回顧「恨不十年讀書」了。從今以後，在安定的局面下，想讀書的人將能不負於新社會為他們創造的良好的讀書條件和機會。這是值得慶幸的。

1982 年 5 月

（原載《中國當代社會科學家》第一輯，

書目文獻出版社 1982 年版）

私塾內外 ── 童年學習生活片斷

　　到 19 世紀的末年，我國才有新式的學堂；但還不普遍，在這之前，私塾是童、少年就學的唯一場所。從 19 世紀末年到 20 世紀初年，新式的學堂和私塾並存了一段的不短的時間。

　　有的私塾是由老師自辦的；在自己家裡騰出一間屋，招收了若干童、少年並由他來講授。有的私塾是由一家人家單獨或幾家人家合組聘請一位老師來專門教導他們家裡的子弟們的。一般說來，一個私塾只有一位老師，而可能有七八個、十來個學生。

　　我的童年時代恰處於這個從私塾到新式學堂的過渡時期。所以我從六歲那一年年初（1906）起到十五歲那一年的夏天（1915），足足上了九年半的私塾。十五歲那一年的夏天，我考取了新式學堂的一中學成為三年級（當年中學實行的是六年一貫制，三年級即現在的初三）插班生。

　　私塾內學習的當然是中國的古書；主要是經、史，輔以詩、文。我記得我入私塾的第一課就是由老師講授四書（《論語》、《孟子》、《大學》、《中庸》）中的《論語》這一書。（當然

七歲時的陳岱孫

在我四五歲的時候，已經學過若干的漢字，念過一些幼兒讀物如三字經、千字文、千家詩等等。）念完四書之後，便開始讀經了。（其實，四書中的《論語》、《孟子》同時也就是兩種經。）七八年中，把所謂十三經（《周易》、《尚書》、《毛詩》、《周禮》、《儀禮》、《禮記》、《春秋左傳》、《春秋公羊傳》、《春秋穀梁傳》、《論語》、《孝經》、《爾雅》、《孟子》）中，除了《論語》、《孟子》及《孝經》在開始上學時念過；《爾雅》一書實是古代的字典，沒法可以當書來念，只好取消外，其餘都念了一遍。雖然，老師對文字加以講釋，我和我的同學恐怕沒有一人真知道書的內容，只要能和順口溜一樣從頭念下去，就算不錯。

經之外主要的讀物是史——中國歷代的史。經和史幾乎是同時誦讀的。史可分為通史和斷代史兩種。關於通史，我在這些年裡念過《綱鑑正史約》、《綱鑑易知錄》、《資治通鑑》、《通鑑紀事本末》等書。我應該補充地說，在讀通史的過程中，我接觸到並讀到一本名為《讀史論略》的書。它把中國過去幾千年的歷史濃縮為薄薄的一本書，一個朝代甚至用幾句話就敘述過去了。它也許可以稱為一本最簡短的中國通史。通史以外，我還讀了幾部斷代史。其中最主要的是《史記》、《前漢書》、《後漢書》、《三國志》等所謂「四史」，此外加上《戰國策》、《國語》等幾部應該算為斷代史的書。（實際上，《尚

書》、《春秋三傳》都是史書，但俱已列入經的範圍，這裡就不算了。）

詩和文在我讀書的範圍中，只能算為輔科。文，不限於讀某一本如甚麼《古文觀止》等這一類的選集，而是由老師在各種文集中選出文章作為課文。時代的範圍很廣，從秦漢至明清都有被遴選的。選得最多的是唐宋若干大家的文章。當然，入選的文章都是所謂古文，即區別於由所謂四六形式的對偶句子組成的所謂駢體文的散文。但我的一位老師——下面將會提到的石卓齋老師——也曾選了幾篇駢體的範文讓我讀，說這也是古文之一體，不可不知。我對於駢文頗感興趣，覺得它富於文采。古詩也是作為輔課的，但似不受重視；也沒有一定的教本，而是利用幾本當時認為標準的選本，摻雜着選讀。

學習的形式也有其特點。因為，在一個私塾中的十個，八個學生年齡都不同，程度參差不齊，學習的書本或進度也不完全一樣，所以幾乎每一個人都得由老師單個地授課。每天早上入了書房，首先是把書送到老師書桌上，然後轉身向外，進行背誦昨天老師所授的某一段的書。背誦下來，就由老師立即講授書中的新段落，講授後下去自學。背不下來，老師有時可為「提辭」；「提辭」還背不下來，則罰去重習，明日再背。如果屢次背不下來，老師就要用竹板子打手心了，

不是所有念的書都要背。「四書」是要背的，詩文是要背的，大部分經是要背的，史是不要背的。

除了讀書外，私塾第二大項教學工作就是作文章。我大約是九歲左右，也就是説入了私塾三年之後，才開始作文章的。先寫一些如日記、遊記一類的寫景和敘述性的文章，然後才進而寫較為抽象的帶有思辨性的文章。記得當時學寫的文章有三個類型。第一，是「義」。「義」是從經典著作 —— 一般是《四書》 —— 中摘取一句作為題目，要求作者用聖人講這句話的命意作一篇文章。老師教導我們寫一篇「義」所要牢牢掌握的是「代聖立言」這一標準，《四書》這一書，實際上，是以孔子孟子為主的孔門語錄，所以差不多所有可能的題目都是語錄。要求的是作者盡力體會、闡述聖人這條語錄的本意，絕不許有自己的、有悖於聖人立言本意的所謂一切「放言可喜之論」。第二類型是「論」。「論」的題目大多數來自歷史 —— 對於歷史某一事件的評論。第三類型是「策」。「策」是「時事對策」，即對當前國內外時事的意見和建議。對策一辭我國古代已有之。當年皇帝有時接見民間推薦的「賢士」，垂詢他們對於國家政事的意見時。這些「賢士」們的答案發言就是所謂「對策」。不過在本世紀初葉，它卻一變為科場考試的一種文體，二變為私塾習作的文體了。對於這幾種習作文體的熟悉，對我卻有一作用。在我十五歲那一年的夏天投考

中學，為了趕以二年半時間念完四年的中學課程而申請入學後免修中文專習英語各課程時，學校讓我參加一個特別的中文熟練程度的三場考試，要求寫三篇文章。這三篇文章就是一篇經義，一篇史論，一篇時事對策。私塾的訓練到此派上了用途，考試順利地通過了。此後，「義」、「論」、「策」這三種習作文體都被拋在腦後了。只是在史無前例的「文革」十年動亂中，看到了、聽到了一些對於「經典著作」中某些詞句及幾種「語錄」的所謂「活學活用」的文章和報告，我有一種似曾相識的感覺，但自顧年齡老大，赧於再為「馮婦」了。

在九年半的私塾生涯中，我受教於三位老師。第一位是啟蒙老師姓陳，我受教於他約三年。第二位是上面已經提過的石卓齋老師，我受教於他約四年。第三位老師也姓陳，我受教於他二年半。三位老師都沒有所謂「功名」，就是說，他們都是科舉場中的失敗者，連起碼的秀才都沒考上，但是在科舉時代有多少人懷才不遇，只可歸咎於命運了。石老師對我教誨影響較深。他是一位有才學的老師。他經史極熟，喜歡吟詩填詞。上面所講三種文體的習作，是他手把手教我的。在他覺得我寫的文章已有一點的進步後，他開始教我寫詩填詞。可惜大半年之後，他辭館走了。我沒再繼續學寫詩詞了。石老師對學生很嚴格，不但在學業方面，而且在品德方面。我們本地有一習慣，端午節，老師要送學生一把扇子——學

生當然也送老師以節敬。有一年端午節，他送我一把團扇，上面畫着棵松樹，樹上一隻仙鶴。在扇面上他題了為我寫的一首詩：

> 本是龍門詡李膺，蚍枝得所氣休矜。
> 人間飲啄原前定，不露聰明即壽徵。

　　大概當時我在塾中，年紀是較小中的一個，自以為出身於所謂「書香門第」，書還念得不錯，就不時器小易盈地，冒出一些驕矜之氣。石老師及時給我一個訓誡。我感謝我的老師。這首詩我一直記着，不敢忘。

　　我們私塾的學習的壓力，不算太重，塾中所讀的書，有的我還是有興趣的，但大部分是乏味的。所以我不十分滿足於私塾內的學習。在私塾生涯中的後來幾年，我發現我家有一個裝滿書箱的藏書閣樓。從此，我童年學習除了私塾之內，還有一個私塾之外的部分。我在應付「正經書」學習要求之餘，鑽進這個閣樓，選擇一些似乎可以看懂的書，囫圇吞棗，不求甚解地一本本地胡亂看下去。幾年下來，看的書還是不少的；大致有幾類：一類是傳奇性的歷史或歷史性的傳記；一類是詩詞、戲曲，此外還兼帶幾種子書，如《道德經》、《南華經》等。這些書，實際上，對私塾內的學習，是一種補充，

因為它恰恰是「正經書」枯索乏味的對立物。第三類是小說。從中國古典小說到當時西洋小說的譯本，我總看了不下一百多種。這當然幾乎是都屬於趣味性的，雖然其中不少是所謂中外名著。然而它們也讓我多了解一些社會的情況，開闊一些知識面。我覺得應該把這私塾外的胡亂看書，看作我童年學習生涯的一部分，因為它不但佔用了不少我的學習時間，儘管這時間是擠出來的；它確是構成我一生知識結構的一部分。

我十五歲那年夏考入中學後，私塾內外的學習生涯全部結束了。私塾內那些「正經書」當然不念了；也再沒有時間躲在閣樓裡貪婪地偷看那一類的所謂雜書了。必須說，雖然對於學校中的所謂「新學」的學習，我是「半途出家」的學生，然而「半途出家」前九年半的私塾內外的學習並不妨礙我對於後此「新學」的進修。

1986 年 11 月

（本文係作者應北京大學東語系編輯的
《東方世界》之約，於 1986 年 11 月底撰寫）

我和英華學校
——對「專讀生」制度的回憶

　　我於 1915 年至 1916 年秋季始業時插班考入英華學校三年級，於 1917 年至 1918 年上學期結束時畢業。

　　就在我就學的時期，英華學校進行了一次學制改革，在這以前，英華學校學制為八年，頭六年是中學，最後兩年的程度是大學的一、二年級。在我入學前一段時期，福州的幾個教會私立學校發動組織一個聯合的「協和大學」。協和大學成立後，英華學校的七、八兩年級就併入這個大學，而英華學校本身便成為一個六年一貫制的中學。我隨之在 1918 年 2 月畢業的那一班就是這新制的六年一貫制中學的第一班畢業生。

　　在我考入英華學校之前的九年，我一直上的是舊式的私塾，讀的是經、史、詩、文一類的漢文線裝書。1915 年秋入中學時，我已十五歲了。如果按部就班地從三年級讀完六年級才畢業就得用四年的時間。我自己覺得得二十歲中學才畢業，太老了。恰好英華學校當時為我們這種來自私塾、「半路出家」的學生開了一個方便之門。英華學校當時每一年級的

課程都分為兩部分，中文部分和外文部分。中文部分課程有漢語文、經書、中國史地等等，外文部分包括英文、外國史地、數、理、化、生各種。對每年級正規生的要求是兩部都要學習。但中文有一定基礎的學生可以在入學考試時，除和應考正規生一樣參加規定各門入學考試外，申請參加中文特別考試，報名入學為「專讀生」。這中文特別考試包括三場中文作文考試，寫三篇不同性質的文章——經義、史論、時事對策。考試及格被錄取後，「專讀生」可以免修各年級全部中文課程，專讀外文課程。這樣就可以縮短上學的年限。作難的是，如果這中文特別考試不及格，即使和應考正規生一樣參加的其他入學考試各科的成績都及格，申請參加「專讀生」考試的學生，不但不能被錄取為「專讀生」，也不能退一步請求改入正規班。我和其他有不同理由的申請參加「專讀生」考試的學生一樣，都在深切的考慮之後，是以「背城借一」的決心來應之——專讀生入學考試的。幸而獲錄取了。在英華，我以兩年半的時間讀完了中學後四年的課程。在這四年中，「專讀生」還要每月參加一次作文考試；在月底的某一星期六下午，在一教室考場中，寫一篇文章。雖然，據說有個不成文的規定，如果每次所寫文章的成績不好，作者有可能被取消「專讀生」的資格。但在我的在學期間，似乎沒有一個人受過這種處分。

少年陳岱孫

我不知道這一制度後來是否取消，或者何時取消。想來它後來一定是會被取消的。因為這一制度顯然是為那些來自私塾的「半路出家」的新生設計的。幾年之後，這種學生的來源枯竭了。一般入中學的新生都是經過新式小學校「正途出身」；沒有這種要求，也沒有這種條件了。

因為，專讀生可以用免讀中文課的時間來選修更多的一般是高一學期或高一年級的一些課，專讀生可大大縮短上學的年限。所以，我能以兩年半的時間讀完當年學制所規定六年一貫制中學最後四年的課程，於 1918 年年初畢業。專讀生的制度確是縮短了我在中學學習的年限，但也帶來了不少在學習上的損失。我就曾在某一學期中，上午上上半部的代數，下午上下半部的代數。雖然事先也作些預先補習的工作，但仍搞得糊裡糊塗。不知道當時如何都混得及格，但基礎打得不扎實，從此也對數學產生了畏怯的心理，也就斷絕了後來曾一度有意學理科的道路。

有一件直至現在我還不明確的事。我不知道我應該算哪一級畢業班的畢業生。我隨之在 1918 年 2 月領取畢業證書的那一班級，顯然不是我於 1915 年秋季入學時新插入的那個班級。在這兩年半的過程中，我經常是上午和某班級一起上課，下午又和另一班級一起上課。但似乎也沒經過明確的手續，認為我已從某班級轉入或升入某班級。因此，我似乎只有某

課某課的同班而不能肯定地說有同屬於某級的同級。然而，
有幸的是，我隨之而畢業的是英華學校在 1918 年 2 月畢業那
六年一貫制第一個畢業班，我相信，從一開始就沒有人否認
我這一身份不明的人為級友。

1992 年 3 月 9 日

鄉聲

　　我原籍福州。1918 年至 1926 年外出求學，期間有六年（1920—1926）負笈國外，只有 1919 年和 1920 年暑假回過兩次家。從 1926 年學業結束後，五十多年來，我一直旅食他鄉，回里的次數極少。

　　我最近一次到福州是在 1948 年的夏天，算起來也是三十五年前的事了。記得，前於此的一次回家是在 1932 年，和這次相隔十六年。

　　1948 年，我乘飛機在福州南鄉機場降落。下機後，我強烈地受到古人曾說過的「童稚皆作故鄉之聲」的一種說不出的感觸，一方面是親切，另一方面又覺得陌生。這種似乎總是互相抵觸，而不太習慣的感覺一直陪伴我在福州一個多月的勾留。

　　方言的鄉聲沒有變。在 1948 年，福州的都市面貌，人民生活也似乎和我童年所知道的沒甚變化，但我仍然感到似乎有些不可捉摸的東西是在變。只就鄉聲來說，有一種我青年時所習慣的熟聽的，從廣義上說也是一種的鄉聲，

陳岱孫的家鄉福州（閩江，馬尾港和羅星塔）

這一次卻聽不見了。這就是閩江上下水船船工們的號子歌聲。

閩江流經閩西北山谷中，到了近省城一段江面驟變趨平闊。春夏間江水大漲，上流的木排，夾雜着小木船，隨着溪水下放，到了江面平闊的水域，便爭流而下。就在這時候，木排和小船上的號子歌聲就迷漫江上；先自遠而近地越來越響亮，然後又自近而遠地從輕到消失。

我青年時所上的那一所中學位在閩江的南台島上。我們的宿舍北面臨江，在春夏間，我們幾乎每天下午都聽到這來自閩江上游的木排和小船的號子、歌聲；沉鬱但又帶着豪放。當時，我覺得這號子和歌聲有一種説不出的感人魅力。

這次回鄉，我借住在一位親戚家裡。他的家去我的母校不遠，也面臨江水。夏天，季候是對的。我期待着再一次領略這難忘的號子和歌聲，但失望的是，在我住下的幾星期，我根本沒有一次聽見過這種鄉聲。我也曾向人打聽過，但沒人能説出其所以然。也許在當年有這種號子歌聲的年月裡，他們就是聽而不聞，根本對之沒有任何印象罷了。

現在去 1948 年又已是三十五年了。從家鄉來的人説，三十多年來，家鄉的變化很大。真想有機會能回去看看。雖然童稚故鄉之聲將仍會是親切而陌生，但故鄉的面貌和生活，

都會是雖陌生而更親切。只是不知道江上的號子、歌聲是否終於銷聲匿跡了。

1984 年

（原載《福建畫報》1984 年第 2 期）

我的青年時代 ── 從求學到從教

　　執筆之頃，首先出現一問題：青年一辭，其具體含義如何。從習慣上說，它似乎上有別於少年，下有別於中年。但從哪歲起，人就不是少年；從哪歲起，他就算人到中年，似乎難於做出肯定的回答。查《現代漢語詞典》倒有幾條具體解釋：少年指「十歲左右到十五六歲階段」，青年指「十五六歲到三十歲左右的階段」，中年指「四五十歲的年紀」。但這又未必盡然。人們可以問，杜工部詩中「甫昔少年日……讀書破萬卷，下筆如有神」，難道指的是十幾歲的大孩子？也許古人所謂少年實包括了今日的青少年二辭？中年一辭則更渺茫了。青年的上限為「三十歲左右」，而中年的下限為四十歲，則三四十歲之間又將何屬？「三十而立四十而不惑」，總不能剛到「而立」之年，就算是人到中年罷？

　　然而既有此一辭，豈就總得有個定義。既是又無定論，是否可以隨心所欲自我規定？於是我認為我的青年時代是從十八歲入大學開始，到三十七歲從教十年時終止。在這一時期，我的生活實在非常簡單，只是和書打交道。頭十年

的求學時期，當然是終日抱着書卷。就是第二個十年也是手不釋卷以應付教書的工作。當然，還有一些所謂業餘興趣的活動。然而這一段的歲月確是我生平最寧靜，雖然最平淡，而也許是最快樂的時期，尤其當回憶起來，是最值得懷念的時期。

我幼少年時代所受的教育是封建時代的舊式教育。六歲入私塾，一直念到十五歲，讀的是線裝古書，主要是經、史，輔之以詩文。十五歲我考入了一所教會辦的中學——鶴齡英華中學——成為三年級插班生（當時中學實行的是六年一貫制），三年級即後來的初中三年級。因為我自認為我漢文有點基礎，我報考並獲取為「專讀生」，即免修一切漢文課程。以兩年半時間讀完了六年一貫制中學的後四年的課程，於 1918 年春季畢業。我從中學的時候起就立志在中學畢業後一定要升學，於是在中學畢業之日，我就面臨着升學選校的問題。在 1918 年春，我翻閱了當時差不多所有全國有名氣的高等院校的章程和招生簡章，選定了北京的清華學校、北京大學、南京的金陵大學、蘇州的東吳大學、上海的聖約翰大學、滬江大學等幾個大學為投考的對象。當時，國內高等院校的入學考試沒採取統考的形式而是分別各自招生。為了方便考生應考，各校在考期上，似乎有某種默契，儘量地錯開。而一個考生也儘量地參加不同校的入學考試，以期可為一校所錄取；

而倘為一個以上學校所錄取，還可在兩校中做出選擇。我依照所選擇幾校考期的先後，為自己排出一張應考表。清華當年還不是一個正規大學，而是一個八年兩部制的高等學校；中等科、高等科各四年。中等科和高等科一、二年級實為中學；高等科的三、四年級實等於大學的一、二年級。當時這些大學的入學考試，除在其本校所在地設考場外，大都在上海另設考場。這也許是由於上海交通較便，易於吸收生源之故罷。

清華當時的考試實際上是高等科插班生入學考試，在6月中，為各校中最早舉行的，從而也是我最先應考的學校。我從福州坐海船來上海，住在當時英、法租界交界三洋經橋的一個小客棧裡。考期大約四五天。考完後，我又乘船回福州；因為其他大學的入學考試都晚至7、8月才舉行，我只好做第二次、第三次來滬的準備。必須說到，就是在這第一次應考期間，我在毫無精神準備情況下看見豎立於黃浦灘公園門口草地上一塊白底大黑字寫着「華人與狗不許入內」的木牌子。在我從前寫過（《往事偶記》）的一文中，我說：我當時是毫無思想準備的，因為關於這一類牌子的存在，我是不知道的。我陡然止步了，瞪着這牌子，只覺得似乎全身的血都湧向頭部。在這牌子前站多久才透過氣來，我不知道。最後我掉頭回店，嗒然若喪，第二天乘船回家。我們民族遭到這樣

的凌辱、創傷，對於一個青年來說，是個刺心刻骨的打擊。我們後來曾批判那個年代起出現的所謂各種「救國論」，但是只有心靈上經歷這深巨創傷的人才會理解「救國論」有其產生的背景。

我回家後才有人告訴我上海有好幾個公園都豎有同樣的牌子，它們都只對外國人開放而對「華人與狗」則是禁地的。但沒想到，幾年前，我忽然收到上海某單位一不認識的人的信，說他正在從事關於上海歷史的研究。有些人告訴他，「華人與狗不許入內」牌子的存在根本不是事實，是臆想的甚至捏造的。但他碰巧讀過我這篇文章上述一段的描寫。他希望證實一下，這描寫的情況是否屬實。我覆信答以這牌子存在是事實，只要他詢問七八十歲的上海居民，恐怕很少沒有目睹之者。時間不過幾十年，難道歷史的陳跡就這樣快地被遺忘了？

在清華插班生入學考場裡，我遇到了我中學同級但不同班的洪紳同學。他是我唯一來應清華考試的同學，但事前我們都互不知道我們要來應試的。不是我們間相互保密，而是我們於 2 月間畢業後，就沒見過面。我告訴他我報考的是高等科三年級，因為從功課銜接上看，我們中學畢業生的程度恰好接上清華的三年級，他說他報考的是高等科二年級，這樣考取的機會也許大些。他這話給我添上一重心事。在中學

時，我們雖不同班卻是同級。級友的情況，我們是互相了解的。在這同級兩班中，有幾個級友的成績是突出的，也是我自愧不如的。洪紳同學的成績就是突出中的一個。他現在居然不敢報考高等科三年級而考高等科二年級，我是否有點太不自量了。但這時我已無法退步，只有硬着頭皮考下去。清華考試評閱的效率很高。7月初我就得到錄取通知及全部錄取名單。洪紳同學當然也在錄取之中。我一方面為自己被錄取而高興，又為洪紳同學的謙虛而惋惜。我們結伴北上。到京後他立即去清華園報到。而我則因在火車上染上目疾，遲至開學後三星期才來校報到。報到後見到洪紳同學，才知道他曾將和我在中學為同級的情況向教務處彙報，並提出升級的申請。由於他入學考試成績優良，校方特准其升級，又成為我在清華的級友。

剛到清華，我有點掉以輕心。因為在中學時，雖然我承認同級同學中，有好幾位成績都在我上，但我自己認為在某些方面我還有一日之長。在清華入學不久，就遇到學期中考試。我入學晚了近一個月，落下的功課還來不及補上去就參加考試。結果成績不佳，有一門功課幾乎不及格。我才了解到清華當時對在校學生實行嚴格的淘汰制。從中等科一年級起，每學年年終都淘汰一些學生。到了高等科後，除了每年仍行淘汰外，又歷年不斷地遴選招收一些插班生。因此，到

了高等科三、四年級同學的程度都有一定的水平。由於眼光都看着將來選送出國學習的機會，學習都十分努力，競爭是劇烈的。自是，我對於學習就不敢再有所怠慢。到了這學年的第二學期，我總算是趕上去了，但自度成績仍然只是中上的水平，而又必須指出，所謂努力學習也只是熟讀了課本教材而已。

就在這一學年之末，發生了「五四」運動。在 5 月 4 日運動初發時，清華因遠處郊外，並沒有參加。但是，我們很快就和城內各校聯繫上了。我最清楚記得的那一次從 6 月 3 日開始的全市學生愛國宣傳週運動。清華同學分為兩批負責參加 6 月 3 日、6 月 4 日兩天的宣傳工作。我被分在第二批。我們第一批同學於 6 月 3 日在前門外宣講時，全體被軍警逮捕，拘禁於北京大學的三院。消息傳至學校，群情更為激憤。第二天，我們第二批宣傳隊約四百人，清晨從校出發，乘火車至西直門車站，整隊到了西直門。但軍警早有準備。我們到時，城門已緊閉，城門外復軍警密佈。我們領隊同學和軍警幾經交涉終不得入城。於是隊部決定全大隊改赴德勝門。但是在我們到德勝門外時，城門也已緊閉了。看來這天無論我們轉到任一城門我們都只有被享以閉門羹的待遇了。時間已近午，隊部乃決定全大隊化整為零。每十人組為一小隊分赴西直門外、德勝門外及海淀鎮，分頭宣講，到傍晚再分別返校。雖

然在這次宣傳活動中，我只有搖旗吶喊的份兒，但它對於我的撞擊是巨大的。我從年前在上海受到「華人與狗不許入內」的凌辱進一步感到我中華民族可能遭到亡國的慘運，加強了某種「救國論」的思想在我腦中的形成。我當時想起的是古書中所說的「足食足兵」的重要性，而積貧積弱是導致橫逆以致滅亡的根本原因，從而富強便成為當務之急。這也許是後來受到批判的一種「經濟救國論」的萌芽罷。但當時我並不知道賦以甚麼「救國論」的外衣。我想我們同時的青年對於我們的國家、民族都具有這種狂熱、執拗的愛國主義思想是當時中國所處的國際環境所造成的。

1920 年，我在清華畢業了。經過甄別，獲得公費留學美國的機會，秋天橫渡太平洋到美國中西部威斯康星州立大學插入經濟系本科三年級，真的以經濟學為專業了。

我之所以選擇威斯康星大學，當初只由於我聽說它的經濟系有兩位經濟學大師，一位是理查德‧伊利 (Richard T. Ely)，一位是約翰‧康門斯 (John R. Commons)。到了威校後不久，我才知道威校的經濟系在當時美國經濟學界，屬於較為開明的一派。它是被當時正統派目為異端的所謂制度學派的大本營。而以「勞動經濟學」權威有名於美國經濟學界的康門斯教授則是和托爾斯坦‧凡勃倫 (Thorstein B. Veblen)、威斯利‧克‧密歇爾 (Wesley C. Mitchell) 齊名的三位學派領袖。

陳岱孫在威斯康星大學麥迪遜分校校園（1922）

　　在威斯康星大學平平穩穩地讀了兩年書，1922 年夏本科畢業，獲學士學位。在畢業那一年，我和清華同級曾昭承同學同被吸收為阿塔斯·阿美克朗·德爾塔·加嗎（Artus Omicron Delta Gamma）榮譽經濟學會會員，並被授予金鑰匙。

　　必須承認，在威校的兩年，我雖然還算不荒學業，但由於美國大學本科的功課一般並不繁重。我當時，實際上，並不知如何讀書，除了教材及教員指定少數參考書外，並不旁徵博覽，不寄太多的時間就可全部掌握並取得較佳的成績。星期日和寒暑假期，除了第一個暑假，在暑期學校選讀了一門法語外，經常和同學到附近地區觀光旅行藉以熟悉異國的風俗習尚。因此，在畢業時，多少培養了一種自滿之氣。

　　帶着這自滿之氣，我又為了慕名而申請入了美國最古老也是名校之一的哈佛大學，成為經濟學系的研究生。在哈佛研究院不到兩個月，自滿之氣被徹底打垮了。從此以後，我才算是開始了真正發憤讀書的生活，我才算嘗到了讀書的滋味。

　　哈佛經濟系當時每年錄入的研究生大約三十人，是經過學術委員會在幾倍的申請者中篩選的。他們給我的印象都似乎比我們剛從大學本科畢業者年齡大些。詢問之下，才知道他們中很大一部分都是從本科畢業，又從事教學或其他工作

數年後才申請入學當研究生的。這批人都是決定將來從事教學研究工作或高級經濟實務工作者。經濟系本科畢業生的程度是不夠用的，必須在本科的基礎上加深一步。而據我當時的了解，一般的家庭在培養子弟時，只以本科為限。本科畢業後，家長的責任已經盡了。如果子弟還想入研究院，就必須自謀資助的來源。因此，這類學生，在本科畢業後，必須參加一段工作，積累足以維持二三年求學費用之後才能來研究院深造。因之，他們年齡較大，思想較成熟。而更突出的是，由於上學的費用是自己勤工所得節省下來的，他們入學後，以全部時間用在苦讀。大學本科生一切課外的體育、文娛、社交等活動幾乎全部取消。當然，研究生中還有一些從本科畢業後直接升學者。但他們十之八九都是各大學本科畢業班中的尖子。這情況我在入學後不久就發現了。經濟系研究生班有一個自修室，自修室旁邊有一個能容納三十來人的西敏納爾室。我們這一批第一年研究生，於上課之餘，幾乎每天都來自修室讀書。讀書之餘，經常相互問難。當論點的分歧激化時，為了避免干擾別人，執辭不一的人就退入西敏納爾室，關上門，然後大聲爭辯。這種場合我也有時參加，但不久就有點內怯，感到自己的學識大不如人。我發現，在爭辯時，許多人提出的意見、論點都不只限於課堂所涉及或指定參考書的範圍，而經常有更詳盡、精闢的意見。我經常感到我自

己的眼光太窄了、識見太淺了。這種落後的情形必須改變。四年發憤苦讀的生涯就是在這壓力下迫出來的。從這時候起，在這四年中，我根本沒星期日，只有星期七。除了有兩個暑天參加中國旅美學生會召集夏令會，用去了二十天外，這幾年的寒暑假也根本取消了。

讀書的內容也變了。對於專業的書籍，除了教師所指定的參考書外，我以參考書為導線，又讀了不少有關的書籍和資料。

在研究生院學習了兩年後，我先後通過了法、德兩文的第一、第二外國語考試（在美國大學，英文自然不算是外國語）和博士生資格專業考試。按規章，只有通過這兩方面的考試後，一個研究生才取得候補博士生的資格，才能有一位認定的導師，才能開始進行作為畢業論文的專題研究。我選定財政學為專業。卜洛克（Charles J. Bullock）教授就成為我的導師。

由於導師卜洛克教授的特別推薦，我獲得一個更好的讀書條件，被批准在校圖書館的書庫裡使用一個擺有一小書桌的專用研究小隔間的權利。從此，我就再不去上述的經濟系研究生自修室，而每日待在這小隔間裡讀書。隔間的旁邊就是書庫中的一排排的書架。我除瀏覽和我的專業有關的書籍外，還有時兼及於其他有關社會科學、哲學、歷史等等的名

著。更方便的是，我可以任意從書架上抽出我要看的書，帶到小隔間去閱讀。閱讀後不要再讀的書，只需平放在小桌上，晚間書庫內的工作人員在巡庫時，就會把它取回分別還插原架上。如果我要保留這書，以便續看，我只要把它放在我的小書桌旁邊的小書架上，插上一「請予保留」的條子，書庫工作人員就不會把書收走。有時到了下午四五點鐘，實在累了，我就到圖書館樓下一間名瓦德納（Widner）紀念室裡偷得一二小時的休閒。這是一個羅列歐美文學名著的開架閱覽室。入室者不許帶書包或書籍，只許瀏覽本室的文學書籍。在寧靜的環境、柔和的燈光下，我有時藉此消磨晚飯前一兩小時的辰光。晚飯後，我回宿舍，又恢復正經書的學習了。

這四年是我平生一次最長期的、密集式的讀書時間，也是我的專業知識最迅速長進的時間，更是我感到讀書最有興趣的時間。我離開哈佛大學，別的沒多留戀，就是為這個密集讀書生活的結束，有點惘然。

在哈佛大學四年，1924 年得了碩士學位，1926 年得了博士學位，學業結束了。我的博士論文答辯是在 1926 年 3 月進行通過的。我申請並獲得清華留美學生監督趙國材先生的批准，預支這一學年餘下五個月的生活費，和五百美元的回國旅費，於 1926 年 4 月橫渡大西洋到了歐洲。

在離開哈佛大學時，我去向我的導師卜洛克教授告別，

他殷切地問我將來工作的趨向。我告訴他由於我希望在歐洲做大約十個月到一年的居留，未曾向國內做任何工作的聯繫。他表示他希望我能考慮入政府部門做有關財政的工作。他說我是他的第二個中國博士生，他的第一個中國博士生是朱忠道。朱畢業時，他就曾希望他回國後，能以其專業的知識服務於財政部門，但他這希望可惜尚未實現。朱忠道博士是清華 1914 級畢業生，於 1919 年在哈佛獲得經濟學博士學位後返國，我到哈佛後，才知道有這一位和我在清華和哈佛兩校的先後同學，但我當時從未見過他，也不知他當時在國內的情況。

在歐洲，我逗留了約九個月。其中有三個月在英國和大陸若干國家作短暫的觀光旅行。其餘時間則定居在法國巴黎，在巴黎大學（Sorbonne）聽課。巴黎大學，像歐洲大陸許多國家的大學一樣，坐落在城區，教室樓緊靠大馬路，樓門大開。任何人，只要行為循規蹈矩，可以不經批准自由進入教室坐下聽課。我就是這樣地聽了幾個月利斯德（Charles Rist）教授的貨幣金融一課的。

1926 年年底，資金不繼了。買了一張從法國馬賽到上海的二等艙船票就不名一文。借了十英鎊以為從巴黎到馬賽的火車費和海上沿途之用，才勉強成行。海船走了三十多天才到上海，向上海親戚借了幾十元錢，買一張上海到福州的沿

海船票，回到了福州闊別七年的家。

在回國的路上，我開始考慮我的前途。我這時，對於這問題的態度，大體上，是無意無必。我知道像我這樣的留學生回國後的就業不出經商、從政、教書三途，我對於經商的意願最少。這時正是我國第一次大革命時代。我於1927年初到上海時，北伐軍已佔領了武漢。我遇見好幾位先我返國的同學都計劃奔赴武漢參加革命。我已回家心切，並沒把這問題放在心上。

但回到福州老家不久。我忽然接到向未謀面的清華和哈佛先後同學的朱忠道先生的一封電報和一封信。在信上，他說他於前幾年去廣州參加革命，這次隨軍北伐到了武漢，現在革命政府的財政部工作。他說，不久前，他接到哈佛卜洛克教授的信，提及了我年前已獲得學位，道歐回國，讓他協助我找一適當的報效國家的工作。他又說，現在革命形勢發展至速，而財經方面的人才至缺，學以致用，他殷切希望我立即赴武漢參加革命工作，亦不負我們導師的希望，云云。得此突來的機會，我心為之動。但七年在外，行裝甫卸，想在家多盤桓幾時再去。所以我覆信給他。謝其關懷，告以實情，表示在家作短期休息後，即去武漢聆教。接着，北伐軍又打下了上海、南京。忽然革命形勢大變，寧漢分家，第一次革命失敗了。朱忠道先生和許多武漢政府人員被迫離漢。朱忠道

間道返滬，隨即來信，略述事變經過，抱歉地說前信電所及之事現在都成為泡影了。恰在這時候，我接到清華大學的電報和聘書，讓我回母校經濟系任教。我接受了。8月中動身，先坐海船從福州到上海。在上海，我到朱忠道先生的住處，拜望這位學長。他為我詳述了幾個月前武漢的情形及政治變幻的經過，並表示他從此絕意於仕進的一途了。聽說他後來一直在上海經營些商業並在一些學校兼課。但我們之間再沒有甚麼聯繫了。

由於當時戰事關係，京滬間火車經久不通，我只好改搭由上海北上的海船，沿途經青島、大連到天津再將乘火車於9月初才到北京。到京之次日，我即去清華報到。系主任告訴我清華已上課兩天，我擔任三門課 —— 經濟學概論、財政學和經濟學說史。我翌日即上講堂，從此開始了我幾十年的教書生涯。

在上海候船北上時，我遇見了幾位當時在清華上學的學生。他們告訴我不少關於清華教和學的情況。其中有一事和我幾十年來從一開始就企圖養成的教學習慣有關。他們說，在清華，教師在教室講課時，經常中英文夾雜並用，尤其是在講到學術上關鍵的概念、辭句時總要插進外文原辭。但是在他們所聽過課的老師中有一位講授社會學的陳達教授在講課時，絕對用中文表達，不着西文一字。同學雖然只是輕描淡

任教清華之初（1920 年代末）

寫地、當一個小故事講給我聽，但這一事卻給我很大啟迪。我記起，在我從法國坐船返國的途中，曾沿途在印度、錫蘭、馬來西亞、新加坡等處停泊時，上岸遊覽。偶然的機會，我和幾位同船旅客在幾處參觀了當地的學校，並獲准在教室中聽講。在多次聽課中，我就聽到用地方語言和英語夾雜的講授。當時我就感到十分刺耳。我認為這可能是一個殖民地心態的表現。所以，在聽了清華同學這一段陳述後，我立即決定向這位老學長學習。到清華後，我在備課時，把所有講課中所涉及的學術術語、概念和藉表達的辭句都譯為中文。從第一天上課起，在課堂上，純粹用中文來講授。只是在必要時，才把原外文的術語、概念等等寫在黑板上，當作註釋。這種講授法，在開始時，實在感到十分不便。因為在我自己學習時，這些術語、概念等等都以外文的形式收印在我的腦海中，而在用的時候，也最方便地從腦海中取出而出口成章了。現在則必須經過一度翻譯的過程，實在有點彆扭。但我仍認為在中國學校的講壇上，除了外文課或外籍客座教師授課外，一個中國教師用純粹的國語來講授應該是一個原則。殖民地和半殖民地所養成的習慣必須予以痛絕。我從到清華教書起，在幾十年的教書的生涯中，這是一條自律的原則。

但卻有一次，這一原則的執行發生了故障，造成了一次例外。這例外也就發生在我到清華教書的第一學期開始不到

一個月的時候。上面說過我在清華的第一學年擔任三門課（三門課是當時國內高等學校教授所應承擔的任務），每星期共十五學時。其中，「財政學」和「經濟學說史」都是每週三學時；而「經濟學概論」，因選修者有一百多人，分三班講授故共為每週九小時。清華當年正處於從留美預備學校過渡到正規大學的改制過程中，既有大學制的分系學生又有尚待畢業的兩班舊制的學生。我的「經濟學概論」一課三班中有兩班是大學制的學生，有一班為舊制的學生。上課不到一個月，有一天我上舊制班的課時，發現講台上有本班同學提意見的條子，大意說，他們畢業後大部分是會去美國學習的。對於文科學生，「經濟學概論」是一門基礎課。如果現在學習的術語、概念等都已漢語化，對於他們將來的繼續學習將有不便之處，可否要求我的講授改用英語。我覺得這條子所慮者也言之有理。我當時詢問諸同學的意見，經舉手表決全體同意後，我即從當日起，對這一班全部改用英語講授，直至學年結束。在我幾十年的教學生涯中用英語講授的就只有這一次例外。這習慣養成之後，直至今日，我對於有人提倡為了提高學生外文程度，在一些專業課中，教師可以不用中文而用外文講授的主張還頑固地期期以為不可。

我雖然受聘於清華作為教師，也感到教學生涯雖然清苦卻也不無一定的興趣，但無論為何，不能說從一開始就死心

塌地以之為畢生事業了。並不是我的導師卜洛克教授的一席話引起了我這非分之想，倒是「學而優則仕」的思想也許是對於我出身於所謂「書香門第」的人物留下的遺毒罷。我真正拋棄了從政做官的思想還是在清華教書二三年間看到官場種種生活，雖然時代已入了 20 世紀的 20 年代，仍不失《官場現形記》、《二十年目睹之怪現狀》等小說所描述的模型之後才死了所謂仕進之心罷。

我在清華讀書的時代已是北洋軍閥統治的時代。「五四」運動已充分揭露了北洋軍閥腐敗、無能、醜惡之相。離開七年之後回到北京，當官的形象不但沒有變好而只有變壞。北伐成功，北洋軍閥消滅了，南京的新朝又復如何？我於 1928 年、1929 年兩年暑假，由於我的一位叔父在南京最高法院工作，借回家之便，都去南京看他們一家，也順便地看看不少在政府工作的同學、朋友。必須說，官場的風氣似乎有勝於舊軍閥政權者，然而宦海的積習、人際的關係實在令人望而生畏。我想起少時讀《孟子》一書有「脅肩諂笑，病于夏畦」一語。做官實在太累了。我由之得出的結論是，我不是做官的材料；在這以後，我才真是絕意於所謂仕進，以教書為我安身立命的事業了。

但我卻有一次和官僚機構發生一短期關係，那就是在 1933 年夏天我有兩個多月的時間，以南京政府派遣出席「倫

敦國際經濟貨幣會議」中國代表團專家的名義參加這一會議
的全過程。倫敦會議是歐美各國，為了設法擺脫 1929 年經濟
大危機之後歷久不斷的經濟衰退困境而召集的一次大規模的
國際會議。中國也被約請了。中國代表團團長為宋子文，但
他來英是另有所謀，並計劃於會議開幕之翌日赴歐返國。團
長職務將由特派代表、中國政府赴日內瓦和日本在山東問題
上進行鬥爭的顏惠慶繼任，並由中國駐英大使郭泰祺任副團
長。中國政府對於倫敦會議無大興趣。一個貧弱的國家對於
這會議的任何問題都根本無置喙的餘地。但既被約請，又不
能不參加。所以所謂代表團只是從中國派往西歐和駐英使館
館員中，選拔幾個人湊數搭起來的。於是終於發現，代表團
中竟無一個懂得經濟貨幣問題的專門人才。我於 1932 年至
1933 年，為了研究預算制一課題搜集資料來歐洲，在巴黎住
了半年，1933 年春轉來倫敦。在倫敦會議開會的前夕，顏惠
慶、郭泰祺託人輾轉找到我，讓我作為專家參加中國代表團。
我和顏只有一面之緣，那就是在 1932 年聖誕節時，我曾去日
內瓦看我在外交界工作的一親戚，而在他家中遇到的。和郭，
我則根本不認識。但後來郭告訴我是我的老友錢端升教授得
知將有此會議又知道我當時或已從巴黎轉來倫敦，特寫信給
郭，告以如有需要可和我聯繫。鑑於當時代表團組創的情況，
而我也有藉此以了解這會議內容的思想，我接受了這一約請。

以中國代表團專家身份參加倫敦國際經濟貨幣會議（1933）

在會議大約兩個月開會的時間，我幾乎天天參加大小的種種會議。會議因美總統羅斯福公佈其「新政」的釜底抽薪的一着，受到致命的一擊。前此希望通過國際協調解決各種國際經濟問題的意圖完全破滅了。會議匆匆宣佈結束。各國代表團紛紛回國。我盡幾天之力寫一份參加會議的總結報告交給顏、郭，也隨即搭船橫渡大西洋到加拿大參加一個民間的國際會議——太平洋學會國際會議——後就回國繼續我的教學生涯了。

早在 1928 年至 1929 年，亦即我來清華工作的第二年，清華的經濟系已經是有了從一年級到四年級的學生一個完整的學系。各級應有的課程總算都開起來了。在這頭幾年，我整天忙於教書、備課。清華當年的制度是每一教授每學年都得擔任三門課，每星期不得少於八至九小時。兼任校某行政職務者可酌免一門課。我因在 1928 年起兼任經濟系主任，1929 學年起復兼任法學院長，每學年只擔任兩門課。

但我當時深深感覺到大學中一個待決的問題是教材。我們許多學科——例如經濟系——的課程因襲者都是西方國家的名稱和內容。但是我們自編的各科教科書都幾全付闕如，更說不上可供進一步學習、參考的專著了。當時城內高校採用的主要是講義制，將教員在講堂所講的擇要編印給學生。清華因為外文基礎較強，索性直接使用外文教科書。這一缺

在清華園新林院 3 號住宅門前（1936）

點在我當時思想中一直是一個急於解決而又不能速決的問題。在經濟系的各課程中，我認為我有責任對我所專任的財政學一門作一嘗試。

我的計劃是以國家財政預算制度一課題為突破點，然後再進入財政學中各方面專著的編纂，以構成一個較全面的、結合中國實際的財政學教材系列，但在預算制度比較研究的第一關前我就遇見了困難。關於英、法、美、蘇幾個典型國家的材料，在我們國內幾乎是全缺，而在國外，系統的論著亦復少見。因此，我只有借 1932 年至 1933 年休假的機會去法、英兩國從搜集原始資料做起。在這兩地的九個月中，我用買、抄、讀、記的形式搜集了不少資料陸續分批寄回國內。1933 年，我從加拿大回國後，雖然教學行政任務佔了不少時間，仍然對之進行整理，還寫出一些章節的初稿，一起分存在我新林院三號的家和新圖書館樓下我的辦公室的書櫃內。

1937 年抗戰爆發，一切全變了。「七七事變」時我在校內。十幾天後，我和張奚若、浦薛鳳、陳之邁幾位先生去廬山開會（梅貽琦校長已先去南京，由南京去廬山），會後我和張、陳二人下山北返。車到天津，平津戰役恰於是日凌晨爆發，交通斷絕。我們困在天津一旅店中，直至平津全部淪陷，火車交通恢復才回北平，暫住城內一友人處，電話和在梅校長尚未回校時維持校務的校務會議諸同仁聯繫，同仁們因城

郊交通沒有保證，不讓我返校而來城內和我一起開一個緊急校務會議，讓我立即返津南下和梅校長商量遷校事宜。這就意味着我得拋棄我在校內的家，包括我研究課題的草稿和全部原始資料。我當時是有點猶豫的。但一轉念，這次爆發的戰事關係我民族的興亡，打仗總得有損失，我只可當為我的家已毀於炮火。當即決定不返校寓，翌日即回天津，由天津乘船到青島，搭火車到濟南轉南京。到南京後才知道教育部已商定北大、清華、南開聯合在長沙成立臨時大學；三校校長已於數日前赴長沙。我和陳之邁先生找到了胡適先生等人也奔赴長沙。

到了長沙我自顧真是一身之外別無長物。在長沙上了一學期的課，1938春匆匆和朱自清、馮友蘭先生等人坐長途汽車出廣西的鎮南關，假道河內轉赴雲南。到了雲南又在蒙自上了一學期的課，再返回昆明。到昆明不久，我才得到消息，清華園的校舍為敵軍所侵佔，公私財物全被毀掠。我的家當然是在劫難逃。這本來是一件意中事。我雖然在一閃念間，想到我所搜集的關於預算制度的資料和一些手稿的命運，卻從之逐漸有了現實感。戰事不是短期可以解決的，而戰後的歲月是否允許我仍然可以重圓我以前自己規範的舊夢完全是個不可知之數。這也許是一種銳氣消磨的表現，或者是人到中年的一種覺悟。但無論如何，應該認為，到1937年抗戰軍

興，就宣告了我青年時代的終結。

1994 年 4 月

（據手稿刊印。原載谷向陽主編：

《青春的旋律 —— 中國名人談青年時代叢書》，

中國友誼出版公司 1994 年版）

三四十年代清華大學校務領導體制
和前校長梅貽琦

一

從二十年代末起，在清華大學，除了有一個分別以校長、各學院院長、各學系系主任為首的校、院、系三級教學、事務、行政結構外，還逐漸形成了一個和這個結構並立的、不同於當時由校長獨攬一切權力的新領導體制。到四十年代，這個體制在清華大學已實行了近二十年。在這期間，還包括一段西南聯合大學的歷史。但西南聯合大學校內領導體制和清華大學有相似之處。清華大學的領導體制，在西南聯大期間，仍然發揮作用，制度的延續性並沒有中斷。

在三十年代中期，就有人稱清華的這個體制為「教授治校」的典型。但是在清華大學內部，沒有明確地提出這個口號。這個體制與其說是在一個明確的口號下有意識地進行改革的產物，不如說是在二十年代末的歷史條件下，為了應付環境而逐漸演化形成的產物。這環境有的是清華大學所特有的（下面將提到）；有的是當時各高等院校所共有的。因此，

到了三十年代中期，這個潮流也有了一定的市場，並在一些院校中有同樣的表現，雖然由於各校的情況不同，其表現形式和發展程度也不盡相同。

清華體制是否可算「教授治校」的典型？「教授治校」本身的功罪如何？在此不做評論。但無論如何，清華體制是當時這個潮流中較早出現的，對於當時高等院校內一長專制的傳統起了一定的衝擊作用，在中國教育史上，應該說，佔有值得敘述的一頁。

清華大學前校長梅貽琦先生對於這個體制的形成和鞏固起過一定的作用。梅於 1931 年年底起任清華校長，直至 1948 年冬。清華的這個體制是在他的任期內得到完全的確認和鞏固的。必須指出，這個體制，在當時南京政府教育當局看來是「土制度」，在許多方面沒有法令、規章的依據，而且有些還和那時的法令、規章相抵觸。所以，如果當校長的不承認這個體制，他也是可以振振有詞而得到教育當局支持的。三十年代中期，蔣夢麟從教育部長下台來北京大學任校長時，就曾針對當時正在清華形成的體制宣稱他主張「校長治校，教授治學」。他這個主張其實也無可厚非。如果校長能真正地把校治起來，廣大的教師是不願多管閒事的。但在動盪的三十年代，至少在清華，是不具備這條件的，梅貽琦先生對於這一體制在清華確立的作用，正在於他在整個十八年校長任內對

於這一體制的贊同和扶植。

促使這個體制在清華大學形成的因素至少有兩個。其一是在二十年代末到三十年代初年間，清華沒有校長（或者名義上有校長，而校長不發生作用）。在這時期內，校務由一個以教務長、秘書長、各學院院長（除秘書長外，都由教授兼任）組成的校務會議維持。清華是一個年輕的大學；它在1925年剛從只具二年制初級大學程度的留美預備學校改為四年制的正規大學。清華當時的教授大部分都是三四十歲，對事業有進取心，不滿足於僅僅是維持現狀的局面，他們要求有一個在可以撇開校長的情況下，自動推動學校工作的力量。其次，國民黨派系打入學校的陰謀引起了廣大教師的戒心和厭惡。他們希望以校內學術自主的口號，對抗來自校外的政治控制。

嚴格說來，清華校內這個領導體制的形成，始於1928年北伐軍到了北京之後。但在1928年以前，就存在着這一體制的胚芽了。

在1928年北伐軍推翻北洋軍閥統治之前，清華是一個外交部部屬學校。當時校內就有一個由全體教授參加的教授會，和一個由教授成員互選的擁有十多個成員的評議會，這大概是仿效美國大學的模式。但是當時這兩個機構權限很少，作用更小。兩會都由校長召集、主持，只不過是校長的諮詢機構。雖然在學年終畢業成績的審查和學位的授予上，教授會

一直認為它的意見是權威性的。

二

1928 年 8 月，南京政府派羅家倫當校長，學校由董事會領導。翌年 5 月，董事會取消，學校改歸教育部直轄。羅家倫來校後，延聘了一些學者充實了教師隊伍。但由於羅資歷既淺又沒有學術地位，在他所延聘的學者和校內原有教師的心目中，羅的威望不高。為了表示願意傾聽教師們的意見，羅在一定程度上利用了教授會。當時清華正處在如何迅速地向完全正規大學過渡的關鍵時刻，在學制、教學計劃、教師隊伍、圖書、設備、預算分配、大學基金等等問題上，教授會在開會時提出了許多意見，過問的事情多了些；在開始時，羅還表示接受和重視，但不久就表示厭煩，進而發生了一些齟齬。

1929 年，清華遵照當時頒佈的大學組織法，改前此實行的校、系教學行政兩級制為校、院、系三級制，成立了文、理、法三個學院。於是就出現了院長如何產生的問題。根據大學組織法，院長應由校長任命。但教授會認為教務長、秘書長主要是學校行政人員，可以由校長直接任命；而院長作為各學院教學學術工作的領導人，應由教授會公開選舉，但為了符合組織法的規定，可於選舉後再由校長任命。可能羅

家倫在當時已經覺得教授會過問的事情太多了，甚至侵及於明文規定的校長的權限，故在這一問題上提出了異議。但教授會也固執己見。經過協商，雙方做了讓步。教授會對每一院長公推出兩個候選人。校長在兩位候選人中擇一任命，但在擇任時，充分考慮會上票數的差別。從1929年以後，這種決定各學院院長人選的程序便成為清華體制的一個傳統。這事情本身並不太大，但它反映出校內學術民主自由和官方政治控制的矛盾，意味着正在形成中的新體制和校長之間的可能的對立。

在行政方面，當各院成立和院長任命後，就正式成立了以校長為首和由教務長、秘書長及文、理、法學院院長參加的校務會議。在這時，原有的評議會也經過改組由以校長、教務長、秘書長和三院長為當然成員與教授會互選的成員若干人組成。這兩個機構和教授會構成了清華體制的組織基礎。

1930年春，羅家倫由於學生對他強烈不滿，同時教師們也不予支持，去了南京不再回來，終於在4、5月間正式辭職。在羅走之後，就開始了基本上由「校務會議暫行維持校務」的局面。當時清華校務會議的成員中絕大多數和南京政治沒有瓜葛。校務會議如果不願僅僅作一個「看守機構」維持維持日常事務，而想有所更張建樹的話，就不能不謀求廣大教師的支持。這個情況也和當時清華教師不滿足於無所作為

的局面合拍。所以，在這期間，教授會的地位提高了，評議會的作用加強了，而校務會議則執行着虛設的、受了一定限制的校長的職能。

在校務會議暫行維持校務期間，發生了一些插曲。這些插曲使得清華校內體制的確立帶有反政治控制的色彩。

三

1930 年春夏之交，蔣介石和閻錫山的矛盾發展為公開的政治和軍事對抗，北平一度成為閻錫山的割據勢力範圍。閻錫山派喬萬選來當清華校長。五月間喬帶幾個人坐小汽車來清華接收，沒想到到了大門為清華師生所拒，不得入校。他知難而退，從此就偃旗息鼓再無消息了。

蔣、閻對抗的局面結束之後，南京的勢力又達到北平。1931 年春南京教育部正式派吳南軒為清華大學校長。吳南軒於是年 4 月帶了一個由若干人組成的親信班子走馬上任。吳南軒是國民黨內部以陳果夫、陳立夫為首的所謂 C.C. 集團中的一個二流人物，他所帶來的班子當然是這個派系集團的麾下走卒。C.C. 集團一向採取以抓住高等院校為控制學術、思想陣地的策略，清華是他們極思染指的學校，吳來清華是負有這個使命的。當時清華師生對這一企圖是十分清楚的。所以，在吳舉行的就職典禮會上，就有一位同學從會場中站了

起來，對代表「國府」致辭的張繼遲到一個多鐘頭的官僚派頭和其致辭中種種荒謬言論，提出質問和批評，使台上諸公窘態百出，只得草草收場。

吳南軒來校沒幾天，就在院長的任命問題上和教授會發生了正面的衝突。他堅持院長必須由校長全權任命，說過去由教授會推薦再由校長任命的做法是不合法的，不能承認的。實際上，院長任命的問題只是對抗的表面現象和衝突的導火線罷了。對抗的本質涉及更深的政治問題。C.C. 集團對於清華校內自成一套體制是深惡痛絕的，因為清華體制所帶來的思潮對國內高等院校有一定的影響，是 C.C. 集團企圖控制全國大學陣地的障礙物。吳南軒的任務就是扼殺這個體制，建立校長的全權統治，為 C.C. 集團對教育、學術的絕對控制掃除障礙，院長任命問題只是打進這個體制的一個楔子。清華大學的學生了解吳南軒所代表的政治勢力的意圖，堅決站在教師一邊。學校罷課了。同學們派代表去見吳南軒請其引咎辭職。吳和所帶來的幾個親信企圖掙扎，但又怕學生對他有「不禮」行動，於是倉皇躲進城內東交民巷外國使館區某大飯店，成立「國立清華大學辦事處」。吳託庇洋人，平津輿論譁然。南京教育部也覺得吳的行為實在有傷國家體面，趕緊讓他辭職，並於 1931 年 7 月派翁文灝來清華暫代校長的職務，以安撫所謂學潮。

翁文灝當時是地質研究所負責人，還沒有「下海」做官，和當時學界有許多聯繫。教育部是想借他的無政治色彩的聲譽來打圓場。而翁本人雖然並不想做清華校長，但未嘗沒有以自己作為過渡，使清華順利擺脫動盪局面的意思。在清華，有不少教授是他的熟人和朋友，而他也是無所愛於 C.C. 集團的。所以，翁到校後，對校內事務一仍舊貫，不作更張，並立即建議南京教育部把在羅家倫來校後被派去美國當留美學生監督的原本校物理教授兼教務長的梅貽琦調回，任清華大學校長。在梅於 1931 年 11 月返校就任時，翁擺脫了代理職務。

上述幾個插曲使教師們更加看清了在校外存在着企圖奪取教育學術機構控制權的政治勢力，使他們感覺到為了維護教育和學術的民主和自主，加強以某種形式組合起來的校內民主、自主領導體制是十分必要的。這就促進了清華校內領導體制在「校務會議暫行維持校務」期間的迅速發展和確立。

在 1930 年至 1931 年間，這個體制迅速形成。它的組織基礎就是上面已經說過的教授會、評議會和校務會議。教授會由全體教授副教授組成，在成文的規程上，教授會的權限很簡單，只包括：審議教學及研究事業改進和學風改進的方案；學生成績的審核及學位的授予；建議於評議會的事項及由校長或評議會交議的事項；互選評議員。教授會並不經常開會，但對校內發生的大事，教授會是主動過問的。教授會

由校長（無校長時，由執行校長職務的校務會議）召集和主持，但教授會成員可以自行建議集會。

評議會是這個體制的核心，以校長、教務長、秘書長、各學院院長及教授互選之評議員若干人組成。互選之評議員人數比當然成員的人數規定要多一人。同時，各院院長都由教授會從教授中推薦，教務長習慣上也由教授中聘任，評議會實際上是教授會的常務機構。它的職權包括：議決大學的重要章制；審議預決算；議決基建及其他重要設備；議決學院、學系設立或廢止；議決選派留學生計劃和經費分配，議決校長和教授會交議的事項。評議會是校內最高的決策、立法和審議機構。主要的法案、章制都由評議會動議、制訂。在法定地位上，評議會還是校長的諮詢機構，但由於校長是評議會主席，其他校務會議成員都是評議會當然成員，評議會的決議對於校各級行政領導是有一定的約束力的。如果說清華這個領導體制是當時所謂「教授治校」的典型，則「教授治校」的作用就是通過評議會職能而表現的。

由校長（在無校長時由會議另一成員代理）主持，並由教務長、各學院院長參加的校務會議是行政的審議機構。它的主要職能是議決一切通常校務行政事宜，協調各學院、學系間的問題等。

四

梅來任校長後，也有一個如何對待在他出國的幾年中，在沒有校長或校長不發生作用的情況下形成起來的新領導體制的問題。無疑地，對一個校長來說，這個體制削弱了他的獨斷的權力。但梅不但完全接受這個體制的精神，還協助把它鞏固下去。他真正如何考慮的，我們不得而知。有些可能的原因是明顯的：在出國任留學生監督之前，梅一直是清華的教授，從感情上和對教育的基本觀點上說，他和廣大教師們是一致的。他平易近人，作風民主，學校大事率多徵詢教師意見，這也和他的謙虛平和的性格有關。他似和政治無緣，在他就任校長後頭幾年，連一個掛名的國民黨員也不是。在南京他沒有政治資本，沒有人事淵源。他只有和全校教師們一起才能發揮他的作用。在清華教師中，許多人是他過去的學生或後輩。他們對於他是尊敬的。他也相信廣大教師是有辦好清華的共同事業心的。同時他也知道力圖控制高教陣地是 C.C. 集團既定的派系策略。吳南軒的拙劣表演雖告失敗，但他們是不會就此罷手的，一有機會，還會捲土重來。保留清華這一塊「淨土」，這是他和全體教師的共同願望。一個以教育學術民主自由為號召的校內管理體制，在抵抗和緩和外部政治派系勢力的侵入和控制上也許能起到作用。

　　無論如何，梅在受任校長後接受了這一體制，並加以扶植。在 1931 年到 1937 年中，這個以評議會為中心的體制得到進一步的發展和鞏固。在理論上，教授會、評議會、校務會議、校長四者之間，在權限和意見上是可以發生矛盾的；但在實際上卻沒有發生過任何裂痕。校長是教授會、評議會、校務會議的主席。在會上，梅總是傾聽群眾的意見，而與會的成員也十分尊重他的意見。當然各種會議上分歧意見是不可避免的，激烈辯論也是經常發生的，但梅先生的持重態度卻起到穩定的作用。

　　在此一體制經過六七年的發展中，值得一提的是專門問題委員會制度的廣泛應用。委員會並不是甚麼新的東西，但其廣泛的應用卻是這一時期的特點。教授會、評議會、校務會議都可以建議決定成立某一專題的委員會，其組織成員由校長聘任。校長為了籌劃執行某項行政工作，也可以直接聘某專門委員會。委員會有常設的，也有臨時的，但大多數委員會的設立的建議來自評議會。委員會經常通過對某些事情的調查、討論，為評議會在做出決策時，提供各項資料和可供選擇的不同方案等等。當然，對有些具體的事項，委員會也可以直接處理。由評議會建議設立的委員會，有的由評議會成員組成，但更多的是由評議會成員和會外的教職員混合組成，或者全部由會外教職員組成。委員會組織的廣泛應用，

清華大學 1932 年度校務會議成員合影（左起：葉企孫、陳岱孫、馮友蘭、梅貽琦、楊公兆、張子高）

為評議會分擔了一部分工作，減輕了評議會的負擔，在一定程度上也擴大了聽取群眾對校務意見和參加校內管理的基礎。

這個體制到了 1937 年已經定型，一直到 1948 年，沒有甚麼改變。這裡有必要敘述一下 1937 年到 1946 年西南聯合大學的情況。

五

抗戰初期，北大、清華、南開三校於 1937 年秋先在長沙聯合成立長沙臨時大學，嗣於 1938 年春再遷昆明改稱西南聯合大學。臨大和聯大都不設校長，而由三校校長 ——（南開）張伯苓、（北大）蔣夢麟、（清華）梅貽琦 —— 組成的校務常委會領導。在三位校長中，梅的資歷較淺。在昆明聯大期間，張基本上留在重慶；蔣雖然大部分時間也在昆明，卻基本上不問校務，他們公推梅為常務會主席。

不能說梅貽琦先生把清華體制引進了聯大，但在聯大，一個類似清華領導體制原則的確認和梅實際上主持聯大常委會不是沒有關係的，雖然聯大的體制，在名稱和職權的規定上和清華時有所不同，但也不無類似之處。聯大也有一個教授會，由全體教授、副教授組成，以常委和秘書主任為當然成員，但明確定為諮詢性機構。相當於清華評議會者，有一個校務會議，由常委成員、教務長、總務長、訓導長、各院

院長及教授代表十二人組成,具體討論處理校務。常務委員會由三校校長及秘書主任組成,執行校長職務,為校內最高權力機構。要承認,聯大這個體制是清華體制精神的一步退卻,但這卻是不能歸尤於梅的。

當然,在當時戰火紛飛、空襲頻繁、經濟崩潰的情況下,談不上有多少教學、學術方面的積極建樹的意見需要討論決定,學校更多的工作是忙於應付眼前的師生生活、空防和解決不可或少的教學設備等等具體問題。而這些具體問題也更多地由校行政部門負責解決,表面上,常委的獨立決定和梅的領導作用更多、更明顯了。但校內民主、自主的空氣卻起着潛在的作用,而在發生一些較大的事件時,這一潛在作用就公開地表露出來。聯大教師,除極少數外,均來自三校。在抗戰前,校內民主、自主的要求在三校都有所反映。不滿於校長秉承當道、在校內獨攬大權實行家長式統治的思想,是三校所共同的。

當時的政治氣氛也是一個不可忽視的因素。處於當時所謂大後方的西南聯大是不受當道寵愛的。C.C. 集團企圖控制全國高校的野心,在抗戰期間,更為強烈。西南聯大是倖免於 C.C. 集團控制的少數高校之一,但虎視眈眈的 C.C. 集團的企圖是聯大師生都感覺到的。梅此時雖已掛名國民黨籍,但沒有派系背景和支持。他能在聯大順利地主持工作,主要

靠聯大師生的尊重和擁護。聯大教師們覺得梅不是一個政治的「太空來客」，而是自己團體中的一員，對於他的為人極為尊重。

同時，在抗戰期間，三校名義並沒有撤銷，而是和聯大並行存在。清華大學除了以它大部分的教學力量和設備參加聯大的工作外，還保留和創建了若干研究所，在清華名義下進行工作。抗戰前形成的領導體制從未因遷校聯合而中斷，仍然保持其傳統。

總之，在清華實行了十八九年的校內領導體制，在很大程度上，是當時環境下的產物。在校內，它有以民主的名義對抗校長獨斷專權的一面；在校外，它有以學術自主的名義對抗國民黨派系勢力對教育學術機構的侵入和控制的一面。這一體制的確立和鞏固，是和梅貽琦先生長校時的作風和支持分不開的。

1983 年

（原載《文史資料選編》1983 年第 18 期）

綏北道上

　　一個多月前，聽說有一位熟人預備組織一個小考察團，沿着平綏路到歸綏、包頭等處，再由包頭西去寧夏、蘭州，回折到西安，然後沿隴海路到鄭州，由鄭州再北轉回平，不禁為之一動。記得孩時吃丸藥，常常喜歡把外邊的糖殼先吃掉，嘗一嘗裡邊的苦味。久住在都市中，常感覺得我們沿海省市所謂物質文明，不過像丸藥的糖殼，實在的生活是要在這糖殼底下去體嘗。還有，我雖然是生長華南的人，而對於江南一帶山明水秀的景物，雖非毫不領會，然而實在覺得有點厭倦。反之，塞外的高原、廣漠、連延不斷的遠山、曠野遊息的羊群，對於我似乎有一種說不出的神秘的誘性。不幸考察團擬定的路線既是如此之長，時間至少需兩個多月，因為職務的關係，我不能偷出許多的時間，所以雖然心中一動，而馬上即作為罷議了。兩星期前，又有三個熟人，想藉雙十節假期的機會，到綏遠包頭北邊大青山裡去打獵。因為以前我也去過察晉等處打獵，他們也約我一起去。雖然路線短縮了，並且目的既是打獵，當然說不上甚麼考察，然而既有當初之

一動，時間又只有一星期，因之也就痛快地加入了。

我們雙十節的前夕，坐平包快車離平。向例，三等車廂中是擠得連座位都沒有。我們一行四人，雖然除開獵具外，每人只帶提包一隻、鋪蓋一捲、行軍床一具——此外還有二大包的乾糧食具——聚合起來也就可觀。車廂中加上這些物件，更顯得了無隙地，而我們這四個人當然幾於無所容足了。還好一站一站地過去，下車的人比上車的人多，到了晚間，我們不但有了座位，並且可以斜靠着鋪蓋捲而假寐了。不過過了大同之後，每數站都有人來盤問，因為我們以前有過同樣的經歷，在沒有登車之前已預備了這一着，每人都放二十來個名片在口袋裡，每次盤問的最後一着，都是要一張名片，我們便都很熟練地從口袋裡掏一張名片交過去。盤查者大概是附屬於晉綏軍的憲兵。晉綏軍紀律甚好，憲兵更是十分客氣，所以盤問次數雖然很多，而雙方並沒有任何不快的感覺。在報紙上，我們常看見綏東吃緊的情報，在車上我們和同車者談話，也聽說從平地泉到歸綏一帶的西北邊很不安靜。我們車經平地泉歸綏途中時，正是夜間。車窗外漆黑一團，甚麼也看不見。其實就是白天，難說還看見到甚麼。然而我們還覺得是白天能夠隙望隙望總是好些。

我們在雙十節的早間到了包頭。我們的目的地是包北約一百五十里地的大青山的西北嶺。我們四個人中沒有一

在綏北狩獵途中（1936）

個人到過綏遠，所以當地的情形不大熟悉。幸而包頭平綏路的職員十分幫忙，許多的事情都由他們代為照料，省得我們許多的事。我們原訂計劃是當日從包頭坐載重汽車到包頭北一百二三十里地的固陽縣一宿，第二天再由固陽縣騎馬或徒步北進入大青山。因為近來包北一帶稍為有些謠傳（二三星期前有一種傳說，說有一部分窺伺綏東的察北土匪，將由固陽與百靈廟之間西去進擾綏西，以便與綏東之匪策應），路上的朋友為顧慮着我們的安全，替我們打一個電話問一問保安司令部那邊的情形。保安司令部的回話是那邊的情形並沒有甚麼變動，不過他們不大希望我們往包北去，如果我們要打獵的話，他們建議我們可以去包西七八十里的某山中繞一繞。我們聽見這話當然覺得很失望，因為在固陽方面，我們早已有所接洽。並且我們的目的是要打到幾個大角盤羊做標本，其他的野獸並不注意，而據我們所知，只有包北大青山裡邊有這一種羊。我們推測保安司令部不希望我們在包北的理由，不外是：（一）怕有甚麼意外的事情發生，（二）我們的來歷不甚分明，包北一帶既然常有謠言發生，軍事區域當然不容來歷不明陌生的人亂跑。對於第一點，我們當然十分感謝他們的好意。不過我們覺得如果有大批匪隊騷擾，我們自然見機而退，不會冒無謂之險。如只是三五個壞人，我們每個人有一百顆的子彈也足以使他們有些戒心。所以這頭一個理

由還是次要的。至於第二個理由，我們覺得如果我們能向司令部說明我們的來歷並且詳細陳明我們的路線，應該可以得到他們的諒解。所以我們便挽了路上一位朋友，去保安司令部去拜田司令。不巧我們到司令部的時候，他去參加包頭各界雙十節慶祝會，要到下午才能回到司令部。我們於是也趕往會場去。會場是包頭城西南角的大操場。我們到時已是萬頭攢動，爭看各校學生的表演操。我們不久便見到田司令。田司令請我們到來賓茶棚中談了半個多鐘頭，我們詳細地把我們的來意說明，承他很痛快地答應給我們一張護照，以免途中發生誤會。我們領了護照回到車站，以為馬上就可以出發，而不想打電話叫車時，包頭幾部的載重汽車都開往別處去了。到下午三時，好容易才尋得一部轎式舊汽車，而汽車夫看見我們四個人之外還有許多行李，藉口天色已晚，路上難走，一定不肯走。我們也覺得行李太多不是一個小車所能載，只能決定在包頭下店一宿，第二天拂曉再走了。

客店尋好之後，我們就到城內最熱鬧的前街去觀光，順便買點小東西。粗野的裝束，引起不少街上人的注意。有兩次舖子裡夥計都問我們是否開飛機的。我們因之記起車上一段的閒談。這些閒談所述的事情，我們沒有時間去證實，它可信的程度如何，我們不敢說，不過它確是近來綏包一帶一個很普遍街談的資料。一個月之前，平津報紙一度登載日軍

在包頭設立飛行場一節的新聞，而了無下文。在火車快到包頭的時候，我們遠遠看見一架飛機在空中飛行。於是車廂中便議論紛生了。據坐在我旁邊一個中年人說，日人飛機近來常在綏包一帶飛行，這個飛機說不定又是他們的。我想起前些日子關於包頭機場的新聞，就問他，到底這事情的下文如何。他說這事情起始的情形與平津報載的差不多。日人所要擅建的機場是在包頭城外不數里一個平原上。雖然當初我們官廳反對，而他們工作進行還是如故。如果當時沒有阻礙，這個機場當早已成立了。官廳方面因為口頭的抗議不生效力，便於某日夜間由保安隊直接佔管。監工的日人住在包頭城內。第二天清早就有八個監工人來到場所，言語之間與領隊官長發生衝突。該監工人便動起武來。領隊官長乃下令將八人拘送入城內。後來幾經交涉，才將八個人釋放，而機場便由保安隊駐守，工作也就停止。到現在機場一半已立的間架還可以看得見。說完這一段話之後，這個中年人就很興奮地說：「凡人總要講理，我給你講理，你不講理，蠻幹，好，我也不客氣，也蠻幹你一下子，怎麼那，也就沒事！」

　　第二天清早，我們的行李都上了新賃到的小載重車，我們就坐在行李上面。這個車，據說在包頭營業小載重車中算是一輛較好的車，然而其破舊的程度也就可觀了。開車的是個天津人，並且是一個基督徒。他雙十節那一天從包西五原

地方剛載貨回包，今日就要走遠路。他自己說這個車許多機件都鬆了，要不小心，路上恐怕出毛病。他又說今天是安息日，照說不應工作，如果路上出甚麼毛病，牧師又有話說了。果不其然，我們車將出北關繳驗護照的時候，車廂中的破布着了火。如果發覺得慢，也許要出個亂子。因為車廂旁邊還有兩大桶汽油，而車上還有數百顆獵槍子彈。把火弄滅，車的發動機又搖不動了。我們只得下車，把車推出城去。推了幾步，發動機動了。等到我們上車，它又不動了。城外北去的路是上坡的，不宜推車，於是車夫又轉過車頭，我們又幫着推進城去。如此推來推去，花了一點多鐘，總算是推走了，而出城之後，走了二十分鐘的路，便得打住修理機器。我們走的路雖然名為可通汽車，而其實是普通的大車路。不過綏北大車是寬輻的，汽車的左右輪剛好可以放在大車軌中，雖然車路是沿着山腳山溝裡邊走，而多少總有點起伏高下。頂在行李上面的我們真是「時虞隕越」。

出包頭北關時，我們車上多了兩位搭客。一位是穿便服類似小商人的年輕人，他一直同我們到固陽去。他後來行動似乎證明他不是一個商人，而是陪我們去的。不過他很活潑，遇見車子發生困難時，他很出力幫忙，所以我們的感情倒融洽得很。還有一個是軍人。他是到包北若干里某一個地方去。即將到他目的地時，我們想叫我們汽車繞點路，直送他到達，

他一定不肯，我們也不便勉強。這個時候，我們車是在一個山溝中繞着走。兩邊山峰高聳，形勢頗為險要。我們因為趕路，不敢多做盤桓，不過在車上四周環顧，稍稍領略而已。

在包頭北邊約六十里地有一個山缺，本地人叫作壩。汽車到此，要沿着山邊斜上，到山腰，再回頭一轉折，再沿着山邊，直上過這個山缺。過了這個山缺，再走不多路，便是一片高原，一直到固陽。我們因為車上行李甚重，並且汽車在路上又常有毛病，決定下車步行過壩，以減輕車上的重量。汽車到壩下，開足馬力往上直衝。不想頭一段的斜坡還沒有走了一半，發動機又停了，車子便不進而退，往下倒溜，車閘復壞，開車的簡直沒有法子收住，眼看就要溜下坡來。開車的一着急，極力地把車往裡邊拐，拐到裡邊的石沿上，只聽得隆然一聲，車子翻了，車上的行李都倒出來。這個時候，我們還在坡下慢慢地向上走。第一個感覺，就是開車的一定傷了，或者開車的傷勢不重，車子也一定壞了。一剎那間，我們臆想夜間在山邊露宿的滋味。然而等我們趕到車子翻處時，車夫已經從車廂中爬出，一無所傷。他第一句話就是「有耶穌的保護」。我們再查看汽車的機器，似乎也沒有甚麼損壞。於是最急切的問題，就是把這個翻倒的汽車扶過來。車夫建議先由我們幾個人試一試。可是車身太重，我們乘客和大小車夫七個人的力量，不能將其扶正。只好暫時休息，再想其他

辦法。大約等了二十分鐘之後，坡上來了幾輛大牛車，有這幾個趕牛車人的幫忙，我們居然把這個車扶起來。車夫上去試一試發動機，一搖即着。這一翻反而把機器翻靈了。為避免再有同樣的事情發生，我們還請這幾位趕牛車的朋友幫着我們推着車子上壩。可是只推過一半以後，機器的力量已經能自己直上無阻了。過了這壩，不多路，就是一片高原，車行倒甚順利。不過車閘還是不行，所以每遇下坡的時候，車夫就沒有法子管制，只好讓這車子一直溜下去。而每次經過這種經驗之後，他總是笑一笑，搖搖頭，說一句「有耶穌保護」。我們因為他有這種信念，也得到一種安慰。而同時又怕他的信念太堅，真的甚麼都靠着耶穌，那就有點麻煩。

當日下午三點我們才到固陽。同行者在沒有去之前，已經有一封信給當地天主堂神父請他替我們接洽一切。到了固陽之後，我們一直驅車到天主堂拜會這位神父。固陽人口不過六千餘人，而有兩個城，一個是新城，兩城相距不過一百多碼。舊城是天主教徒居住的區域，居民約一千餘人。區域的四周有城堡圍着。天主堂就在這個舊城的中心，而神父也就是這城中最受尊敬最有權力的人。新城人口約五千人，縣長公署及其他官署等都在新城裡。新城的城牆像是新修的，城外還有一二在修築中的碉堡。我們拜會神父的意思，就是看我們託他介紹跟我們入山做嚮導的本地獵戶來了沒有。大

概神父看出我們面有飢色，所以極殷勤留我們吃一頓飯再入山。吃飯的時候，我們與他稍微談談本地的情形，和新舊城的歷史。據說新城前不多年還是很荒涼的，前幾任的縣長的家眷都是住在天主堂內廂房中，近幾年來新城人口才逐漸加多，縣長也住在城內了。因此他就問我們要不要見縣長。他說縣長同他很相熟，如果我們願意的話，他可以請他過來談談。我們說我們想於回來時到縣署去一拜縣長，現在我們覺得以不驚動為妙。說話之間，外邊報道縣長來到，我們稍為覺得有點窘。談話之下，我們才知道這位縣長是北平師大的畢業生，到任只有一年半。最使我們感興味的，就是他說這一年半來，倒學會騎馬和放槍二件本事。我們因為預定的目的地是在大青山西北嶺中一個山溝，去固陽還有三十里的山路，太晚了不大好走，所以匆匆別了縣長和神父，同着兩個嚮導和一個廚司上道。這幾個人都是天主教徒，並且都是很有經驗的獵戶。我們所預定的山中的居停所也是神父介紹的，當然也是天主教徒。因為動身稍為晚些，我們終於不能在天黑前趕到目的地，而只好在山腳下一個小村落裡先借宿一宵，預備次早入山。

我們的目的地，名義上是一個村，而其實只有一個院落，中間住了三四個家庭。我們居停共有裡外兩間的房子。他把裡間讓給我們，自己一家人睡在外間大炕上。裡間房子只有

外間一半大，除開一個大炕外，便只有十二三尺長三尺寬的餘地。像北地普遍的佈置一樣，炕頭就是甕，煮好東西，就在炕上吃，甕中的火氣又可以做暖炕之用，倒也合適得很。就是一樣，本地不但沒有柴火，便是稻草一類的燃料也都沒有，只好以牛馬糞代薪，所以院子中遍地是牛馬糞，以待太陽曬乾。而乾糞燒起來，雖然不十分臭，然而也不十分好聞。

我們在山五日，每天都是天明而起，吃點東西就出發，午時在山上略進乾糧，下午早則四點，遲則六七點回來。平均每日翻了六七十里的山。頭二天的確是累得要命，第三天之後便漸漸相習，可以多走了。我們三個嚮導都是民團團員，綏北一帶，似乎借重於民團者不少。而這三個人對於本地情形也相當的熟悉，所以在走乏休息的時候，同他們攀談也覺得頗有趣味。我們房子是在一個山溝裡，房子的後面是一座大山。山上有一道高不過四尺的頹垣。我的嚮導告訴我，這就是萬里長城。我似乎沒有聽說過陰山大青山嶺上有長城的遺址。不過，在山的最高峰向西望，這道牆倒是隨山起伏，一望無際呢。三個嚮導中間有一個是有嗜好的。我問他為甚麼年紀輕輕的一個人會染上這種習慣。他說：「在我們這個地方，一兩好土，只賣五六毛錢，吃兩口玩玩的多得很呢。」確實的，住在我隔壁一對青年夫婦，整天是一榻橫陳，過這個吃兩口玩玩的生活。而在每晚我們吃完晚飯預備睡覺的時候，

我們的外間也送進來一股刺鼻的香味。

五日的成績倒也不錯，而興趣也盡了。照預訂計劃，我們又回到固陽，謝過神父，我們赴縣公署投一張名片之後，依然坐前此送來的汽車回去。經過開車數日的修理，車走得頂順利，只走了四個鐘頭就到包頭，路上一點毛病沒有。因為要坐早上的平包通車，所以是晚在包頭又住了一宵。原來想去參觀民生渠，和一位段先生所辦的河北移民新村，因為天晚，來不及了，沒得去。

平包通車是早上 10 點鐘自包東開，經過歸綏、平地泉一段正是白天。在平地泉附近鐵路北邊山上 —— 去鐵路不過一二百米 —— 掘有壕溝及其他設備，坐車廂中，可以看得很清楚，不禁有寇深矣的感覺。這也就是來時夜間過此段時未能證實的臆想。

1936 年

（原載《獨立評論》1936 年第 225 號）

笳吹弦誦情彌切

　　提到西南聯大的歷史，大家都習慣於說「聯大八年」。實際上，這與歷史時間不盡吻合。因為自 1937 年 7 月底平津淪陷後，北大、清華、南開三校就奉教育部頒發的抗戰期間設立臨時大學的指示，籌組臨時大學第一區（地點確定長沙。此外尚有第二區、第三區，分設於西安等地）。8 月下旬，教育部正式任命張伯苓、梅貽琦、蔣夢麟為長沙臨時大學籌備委員會常務委員，楊振聲為臨時大學籌委會秘書主任。至此，長沙臨時大學正式宣告成立。長沙臨時大學是昆明西南聯合大學前身，二者密不可分。因之西南聯大的歷史應自 1937 年 8 月長沙臨時大學成立開始計算。西南聯大的結束日期，一般都認為是 1946 年 5 月，這也不盡確切。5 月 4 日學生結業，5 月 10 日聯大開始向平津遷移，但直至 7 月 31 日，梅貽琦常委主持西南聯大最後一次常務委員會，才宣佈西南聯合大學至此結束。因此，自 1937 年 8 月底至 1946 年 7 月底，西南聯大先後整整存在了八年零十一個月；以學年來計算，應該是整整的九學年。

在從長沙遷往昆明的途中（1938）

　　一般説「聯大八年」，一種可能是因為我們習慣於説抗戰八年，聯大既然是與抗戰相始終，因此也隨之而稱聯大八年。另一種可能是因為大家都未曾仔細核算過，認為大概是八年零幾個月，或頂多是八年半，取整抹零，便籠統稱為八年。這是大家相沿的習慣，也沒有甚麼不可以。但如果我們要寫西南聯合大學的校史，還是應注意歷史實際與習慣上的矛盾，不能順從習慣，忽視歷史實際。

　　我們聯大師生是否常有這種遺憾：西南聯大只有八年（或者只有八年半），可惜，聯大的實體已不復存在，前無古人，後無來者。對此感到頗有些遺憾。其實，這種遺憾可以不必有。西南聯大，是否只有歷史成績而沒有實體呢？

　　西南聯大是某種特殊歷史條件下的產物。聯大存在八年多，為我國培養了很多人才。這個成績是客觀存在，但是這個成績也屬於歷史的過去。過去是不可追的，時間是不會倒流的，所以我們不必覺得有甚麼遺憾。歷史造就了一個前無古人、後無來者的西南聯大。我們就站在這個地方，也就是西南聯大的實體。

　　我們有的時候是否有些把西南聯大的歷史神話化了？説西南聯大「後無來者」，從某方面來講，是否多少意味着認為繼西南聯大以後的高等學校，其成績都趕不上西南聯大？

　　當然，我們不會這樣想。

　　社會是發展的、不斷進步的,我們的國家、中國的教育事業也是發展的、不斷進步的。作為特殊歷史條件下的特殊歷史產物,西南聯大這樣屹立於民族國家危亡中的流亡大學,歷史也決不允許它後有來者。但作為歷史發展的客觀規律來說,像西南聯大這樣有成績的高等學校,應該是有無數的後來者。祖國的教育事業是與日俱增的。聯大在當時的歷史條件下做出了成績,我們更希望聯大以後的學校不斷發展,長江後浪推前浪,百尺竿頭更進一步。

　　我們衷心希望,在聯大之後的其他各校,包括北大、清華、南開、雲南師大所培養出來的學生,比我們聯大培養得更好。中國教育事業的成果如何,決定着我們國家的命運。我們都有這種宏量與願望,希望繼西南聯大之後的各高等院校,超過西南聯大。希望永遠寄託於未來。

1987 年 8 月 30 日

(本文原為《絃吹弦誦情彌切 ——
國立西南聯合大學五十週年紀念文集》代序)

抗戰中的西南聯合大學

　　經西南聯合大學北京校友會十幾年的努力，西南聯合大學校史的編寫工作終於完成，可以付梓了。

　　西南聯合大學是在我國抗日戰爭期間，由北平的國立北京大學、國立清華大學和天津的私立南開大學南遷聯合辦的學校。先以長沙臨時大學的名義在長沙組建；一學期後，遷昆明，改稱「國立西南聯合大學」。西南聯大（包括其前身，長沙臨大）成立於 1937 年 8 月。抗戰期為八年。聯大則在抗戰勝利後一年，1946 年，才告結束；三校於是年秋季才各自返平津復校。

　　抗戰軍興於 1937 年 7 月的「盧溝橋事變」。在「盧溝橋事變」後的半個月，雖事態實已嚴重，但在表面上和戰尚在未定之數。當時執政當局曾在這半個月中召開過一串的所謂盧山會議，邀請一些國內知名人士，徵詢、商討和戰對策。參加會議者，從主會者在會議結束總結發言所說的「犧牲不到最後關頭，絕不輕言犧牲」一語中，意領神會地認為這次事變仍將以妥協而暫告無事。北大、清華、南開三校長，在參加盧山

會議下山之後，沒有立即北返，而逗留於寧、滬，未始不和這心理有關係。然而，就在這時候，平津地區戰局惡化，北平、天津相繼淪陷。趁着三位校長都還在南京之便，教育部於8月中旬決定讓三校聯合在湖南長沙組建一所臨時大學。

可以想像到，所以選擇長沙作為校址，是從辦此新校的物質條件出發的。在「盧溝橋事變」前兩年，為了給預測的應變作準備，清華大學曾撥巨款在長沙嶽麓山山下修建了一整套的校舍，預計在1938年初即可全部完工交付使用。此外，為南遷所做的另一準備是，在「盧溝橋事變」前兩年的冬季，清華大學從清華園火車站，於幾個夜間秘密南運好幾列車的教研工作所急需的圖書、儀器，暫存漢口，可以隨時運往新校。

沒料到，京滬前方戰事急轉直下，長沙臨時大學在長沙只一學期，就不得不放棄上述原先作為辦學有利的條件而遷往昆明。到了昆明，校名改為「國立西南聯合大學」。此時，我們一方面意識到抗戰不是一個短期的事；另一方面，又意識到聯大真是成為一所被剝奪了辦學物質條件的大學了。除了勉籌資金自蓋了幾十棟磚土牆、茅草頂的平條房外，聯大的其餘校舍都是或租或借自各地在省會的會館和城內外的各級學校。益以，原在漢口暫存的由清華園秘密南運的可供急用的一大批圖書儀器，在從長沙遷校入滇的同時，也從漢口

1941 年 4 月，清華大學 30 週年校慶，清華大學校務會議成員在昆明迤西會館合影（左起：施嘉煬、潘光旦、陳岱孫、梅貽琦、吳有訓、馮友蘭、葉企孫）

沿長江水運到了重慶，俟機轉滇。忽遇到一次敵機對陪都的空襲，部分炸毀。難怪當時有和聯大同仁至熟的教育界人士，對其朋友的子弟做「不必報考西南聯大，聯大教育不出好學生」的勸告了。

但回顧一下，不久人們就不得不承認西南聯大，在其存在的九年中，不只是在形式上弦歌不輟，而且是在極端艱苦條件下，為國家培養出一代的國內外知名學者和眾多建國需要的優秀人才。西南聯大，這所其實體雖然今日已不復存在的大學，但其名字所以能載入史冊，其事跡所以值得人們紀念者，實緣於此。

我們不得不把這成果歸功於同學的求知願望和教職員的敬業精神。而這二者實植根於以愛國主義為動力的雙方共同信念和責任感。其一，為聯大師生對抗戰必勝的信念。儘管，在這抗戰八年期間，前方戰事有時遭到挫折，但聯大師生對抗戰必勝的信念是絕不動搖的。「楚雖三戶，亡秦必楚」，我們終究要「驅除仇寇，復神京，還燕碣」的。其次，是聯大師生對國家和民族前途所具有的責任感。聯大預測到，勝利之後，滿目瘡痍，百廢待興，我們國家此時將需要一大批各方面的建國人才。「中興業，需人傑」，責無旁貸，我們要承擔起提供這人才的重任。

這二者：身處逆境而正義必勝的信念永不動搖；對國家

民族前途所具有的高度責任感，曾啟發和支撐了抗日戰爭期間西南聯大師生們對敬業、求知的追求。這精神在任何時代都是可貴的，是特別值得紀念的。

在紀念抗日戰爭勝利五十週年之際，以這本對我國教育史上雖是短暫但畢竟光輝的一段史跡的陳述，作為聯大人撫今追昔對歷史的獻禮，應該還是有其現實意義的。

1995 年 6 月 17 日

（本文原為《國立西南聯合大學校史》序）

西南聯大校舍的滄桑

　　經過八年的艱苦抗戰，1945 年 8 月 15 日日本宣佈無條件投降。由於平津三校校舍破壞嚴重，修繕需時；益以戰後復員，交通工具奇缺，西南聯合大學決定推遲北返，仍於 1945 至 1946 學年在昆明上課。1946 年 5 月，學年結束，學校開始向平津遷徙。但直至 7 月 31 日梅貽琦常委主持西南聯大最後一次常委會，才實際上宣佈西南聯大的正式結束。西南聯大在結束時，把在遷滇後 1938 年 8 月奉教育部令增設的師範學院留在昆明，由雲南省接辦成為國立昆明師範學院。西南聯大在昆明西北城外一片校舍，也就順理成章地留交昆明師院作為它的校舍。於是，隨着西南聯大本身歷史的結束，聯大校舍這一名稱也就名之不存，雖然在是後的頭幾年內，還有些路過這一段北城外環城馬路的人，會對這一片不起眼的建築群，指指點點，稱之為舊聯大校舍，並道出對當年值得歌泣往事的懷憶和留念。

　　西南聯大和其前身的長沙臨時大學只有九年的歷史，但它的校舍的變遷、經歷，卻實際上顯示了在抗戰期間，一個

流亡學府顛沛流離的滄桑史跡。

西南聯大的前身是長沙臨時大學。臨時大學是 1937 年抗戰爆發平津失守後，由當時參加廬山會議未及北返、滯留南京的南開大學校長張伯苓、北京大學校長蔣夢麟、清華大學校長梅貽琦和南京教育部商定組建，並以長沙為校址的一所戰時聯合的大學。

臨大以長沙為校址的主要理由是校舍有着。在抗戰爆發兩年多以前，鑑於華北情況緊迫，戰事恐終不可免，清華大學決定停建原擬在清華園西園修建的一座規模較大的文、法學院教學大樓；將全部五十萬元的修建費投入經勘定、購買的長沙湘江西岸嶽麓山下一大片臨江地皮，修建包括有教室、實驗室、宿舍等一整套的應變校舍，立即動工。清華大學，在 1936 年冬天，還把經過選擇的書籍、儀器，在接連好幾個深夜，從清華園火車站運往武漢暫存，也是預備一旦戰事爆發校遷長沙時，可應新校教學研究的急需（在長沙臨大成立後不久又決定遷滇時，這一部分書籍、儀器才又從武漢船運至四川重慶，並在一次敵機空襲中全部炸毀）。

可惜的是，當長沙臨時大學在長沙組建時，清華長沙校舍尚有各樓房全部內部裝修這一重要工序沒有完成，無法立即利用。因此，臨大不得不和當時其他流亡學校一樣，面臨着尋覓臨時校舍的問題。經當時湖南省教育廳長朱經農的協

助，臨時大學租得了因戰事驟起而暫時停辦的基督教會的長沙聖經學校的長沙校舍和其在南嶽的暑期校舍，以應臨時的急需；前者作為臨大法、理、工學院的校舍亦即校本部，後者作為文學院的校舍，稱為長沙臨時大學南嶽分校。這一租賃本來是一臨時措施。清華嶽麓山下新建校舍的末期工程預計可以在 1938 年春完成。屆時，這個校舍將完全歸臨大使用了。

但到了 1937 年年底，滬戰失利，南京淪陷，長江中游告急，長沙震動，臨大在長沙上了一學期課之後，經教育部批准，又於 1938 年遷到昆明。是年元月，北大校長蔣夢麟率領幾位同仁就先到昆明，負責組建工作，旋即奉命改長沙臨時大學為西南聯合大學的新校的先遣工作。先遣人員的首要任務就是急於尋找、租借可供利用的臨時校舍。昆明本為後方名城，但絕不可能再有一套可供聯大兩千多師生駐足的如長沙聖經學校那樣的現成校舍。在雲南省政府的大力協助下，西南聯大先租下了昆明東南城外迤西、江西、全蜀三個會館為立足地；繼向昆明西北城內外的昆華師範學校、昆華工業學校、昆華農業學校、昆華中學等由於戰事關係開始初步疏散下鄉的一些學校，分別借些教室、宿舍，期於湊成一個分散但夠用的校舍。但這東拼西湊的借貸的房室，仍然不足以滿足來昆的全校教學和生活的需要。幸而，經有心人的及時

推薦，先遣同志在昆明南邊蒙自縣城的近郊找到包括原蒙自
海關、法國領事館、法國東方匯理銀行、法國醫院在內的、
又連一片的、可供租賃的空閒公房；外加其附近的，由法籍
希臘人經營之歌臚士洋行附設的、適合於作為師生宿舍的一
所假期旅店。除了洋行的旅店外，大部分房子的房租都只是
象徵性的──例如，海關全部的房子的年租金只為法幣一元。

在大部分師生到昆之前，聯大當局做出決定，昆明城東
南隅的幾個會館和其附近的鹽行撥歸工學院使用；而西北城
外商借自各專科學校和中學的分散校舍則歸由理學院使用。
聯大的總辦事處則設在昆明城內崇仁街一大宅子內。這分散
在東南、西北城內外，寄人籬下的各校舍的綜合，構成西南
聯合大學的總校。文學院和法學院遷往蒙自作為聯大的分校。
蒙自分校所租賃的各公房皆年久失修，剝損殊甚，經簡單修
理於 1938 年 4 月交付使用。文、法兩學院師生當即陸續由
昆明搬來蒙自，於 5 月上課。但分校開學後不久，我們獲悉
空軍擬在蒙自設立分校，需要徵用我們分校的全部的校舍以
及附近的空地以為機場。聯大總校指示文、法學院於本學期
結束後，讓出全部校舍，遷回昆明。蒙自分校的學期考試於
1938 年 7 月底結束，分校遵命於 8 月全部搬回昆明。兩院師
生只好暫時和理學院的師生擠到本來就不寬敞的各校借來的
宿舍裡。8 月底，有人介紹距昆明四十多公里的晉寧縣有個

據云可容兩千人的盤龍寺可作為文、法學院的校舍。但經聯大派人勘察，寺內房屋並不多，除幾個殿堂可闢為五六個教室外，其餘屋只能容二三百人作為宿舍之用，與我們的需要相差甚遠。

1938年9月28日，昆明遭日軍飛機第一次空襲轟炸，鄰邇北城牆的昆華師範學校校舍中了好幾個炸彈，聯大在昆師所借用的宿舍兩座樓亦為波及。從這天起，空襲頻繁，人心浮動，昆明西北城內外之昆師、昆工、昆農、昆中加緊疏散下鄉，騰出大部分的城區校舍。於是聯大才得從這幾個學校又分別多借用幾座教室樓和宿舍，以應1938學年度開學的急需。所以在1938年學年開始時，在昆明西北城內外所謂西南聯合大學校本部者只是分散在各校中借用的教室、宿舍的綜合稱呼，聯大並沒有自己的校舍可言。

但是，聯大從到昆明之日起，就決定要購地自建校舍，作長期居留的打算。經在昆明城郊及附近各縣多處勘察後，最後決定購買一片約兩百畝的昆明西北城外，南邇昆明北城牆，北接一叢葬的大山坡的土地，作為總校的新校址，以容納聯大原有的文、理、法三學院及校總部各行政機構（聯大工學院仍繼續利用城東南拓東路租賃的幾個會館為校舍。擬議中新成立的師範學院則已先借昆華中學為校址，嗣於1940年秋遷到昆華工校），並委託前在天津基泰建築公司工作的建築

師代為設計。1938年秋末，校舍的草圖已出。地狹，又限於
經費，設計中的校舍只能是分建在橫貫這塊地的一條東西南
的城北環城馬路南北兩側的一套高兩層、磚木結構的簡單樓
群。南區地較狹小，計劃為理學院各系教室、實驗室、辦公
室所在地。北區則計劃為圖書館，飯廳，文、法兩院各系和
校總部各行政辦公室，本區各學院的教室和男生宿舍的所在
地（女生宿舍仍借用昆華中學南院）。

　　但在校當局提出這一校舍設計草案徵求意見時，有人提
出強烈的批評意見，認為這一設計沒有考慮到理科各實驗室
的規範和要求，主張重新設計。校當局不得不順從「民意」，
將這一設計發還給原設計師，請其於徵求有關理科各系意見
後修改原設計。

　　事實證明，這一周折造成設計工作幾個月的延擱，使我
們付出一個很高的代價。就在這年秋冬的幾個月，昆明物價
飛漲。到了將近年底，設計師向學校彙報，前此的原設計已
遠在學校原預算經費財務所及之外。現在，這原預算經費只
夠修建總面積少於原設計的二層樓樓群的若干夯土牆的條式
平房，而且只有一半的平房能用上原設計的進口的鉛皮屋頂，
而作為學生宿舍的其餘平房就只能用茅草作房頂了。設計師
還進一步警告說，如果繼續延擱而不立即開工，再過幾個月，
就連這些條式、草頂的平房校舍將都蓋不起了。

在昆明（1939）

面臨這緊迫情況，學校當局只好當機立斷，接受了這平房設計，立即備料開工，趕於半年內完成新校舍的全部工程。新校舍於 1939 年春夏間全部竣工。文、理、法三學院各系全部遷入新校舍。從這時候起，西南聯大才算不完全是寄人籬下，而有了可稱為自己的校舍；人們當提起聯大校舍時，也就理所當然地指的是這一片平房群。

一年內，又產生一插曲。1940 年夏，日本進兵侵略越南，短期內佔據了越南全境。同時，在華的日寇又開始窺伺我湘桂各省，大有從東、南兩路進攻我西南大後方的意向。為防萬一計，聯大決定在四川敘永設一分校，1940 年夏高考入學的本科一年級學生及先修班生，推遲入學期，於 1941 年元月到敘永報到上課。聯大又一次面臨部分校舍無着的問題。經過多方的聯繫，聯大又商借了敘永西城的「春秋祠」、「南華宮」和東城的「帝主宮」及「文廟」作為聯大歷史上第三個分校的校舍。敘永分校只存在八個月。1941 年秋季始業時，由於戰局穩定，敘永分校隨即結束。但在聯大歷史上，敘永分校也是一段難忘的經歷，而這些古廟堂，對於當時在分校學習的同學，也是難於忘懷的舊校舍。

再回到昆明西北城外聯大總校的校舍。在 1939 年後有兩件事值得一記。一件事是 1941 年 8 月 14 日日機對昆明空襲時，聯大校舍的被炸。1938 年 9 月 28 日昆明受到日機第一

次空襲時，聯大借自昆華師範之一宿舍遭到嚴重破壞。這是聯大校舍直接遭到戰火的第一次。是後空襲頻繁，聯大在昆的公私借賃房屋被炸者時有所聞。但1941年8月14日的轟炸卻是以昆明西北城外聯大新校舍為目標的一次。轟炸的結果，校舍北區的部分辦公室、男生宿舍，南區的生物系實驗室，借自昆華中學的北院，都中了炸彈。

另一件事是聯大校舍鉛皮頂的出讓。上面說過，聯大在修建新校舍時，由於經費拮据，只有南北二區之圖書館、大飯廳、教室、實驗室、辦公室用上了進口的鉛皮頂，而北區的幾十棟男生宿舍平房只能用茅草頂。1940年，日寇進軍越南，斷絕我滇越間國際鐵路交通。1941年，太平洋戰事起。翌年，日軍襲取了緬甸，又截斷了我滇緬公路的國際貿易路線。蓋房子用的鉛皮頂成了西南後方各省稀缺的建築物資。而昆明西北城外聯大校舍的鉛皮屋頂居然成為昆明南城賈客眼中可居的奇貨。不久就有人來商購聯大校舍全部的鉛皮屋頂，而聯大稍經考慮之後，也就答應了將除了圖書館、大飯廳外全部南北校舍的鉛皮頂賣給他們，換上茅草頂，以補充校用。學校經費拮据之情況於此可見一斑。

1946年聯大結束時留給昆明師院（1984年改名為雲南師範大學）的校舍就是這一片夯土為牆、捶泥作地、茅草蓋頂的條式平房建築群。在過去將近半世紀的時間裡，雲南師大

不斷地拆除這些平房改建了一大片樓房校舍。至此所謂聯大校舍既名之不存，實體亦早歸消失。但在這一新樓群中，雲南師大特保留一條仍冠以鉛皮屋頂的平房，作為歷史文物，以供瞻仰。但稽以上述更換屋頂的史實，或有人對於這一文物，有新顏不盡是歷盡滄桑校舍的原型的疑問。但我們卻寧可認為它有反映校舍中期舊貌的作用，也許是，在不知不覺間，帶有懷舊之感的有意之筆。

1992 年 8 月 27 日

西南聯合大學的蒙自分校

　　西南聯合大學校友邱民芝同志最近搜集若干國內外人士所寫的懷憶西南聯大的文章，編為《西南聯合大學在蒙自》一書，將以付梓，來求序。

　　西南聯大的前身是長沙臨時大學。臨大是在 1937 年，抗戰軍興，平津淪陷後，由北京大學、清華大學、南開大學於是年 8 月，倉促聯合組建的大學。臨大，在長沙上了秋季的一學期課後，由於東南前線戰事失利，上海、南京相繼失守，長江中游震動，奉命於 1938 年春遷往雲南，旋改名為「國立西南聯合大學」。

　　對處於流亡狀況的學校來說，首先遇到的難題是校舍。臨大之所以選擇長沙為校址，只是因為在抗戰軍興前二三年，清華大學，鑑於當時日趨惡化的時局，認為戰事終不可免，而華北將首當其衝，為未雨綢繆計，停建在北京原校址計劃中的文、法學院教學大樓等各項新校舍，移巨款在湖南長沙、湘江東岸嶽麓山下修建一整套備用之校舍即將落成可資利用之故。但在臨大於 1937 年秋間在長沙倉促成立時，這一套

校舍尚需幾個月內部裝修的時間方可使用。因此,臨大於是年9月開學時,法、理、工三個學院不得不先租用長沙聖經學院的全部校舍,文學院則租用了聖經學院的南嶽校舍以應臨時急需,當時的計劃是,臨大將於1938年春全部搬入湘江東岸的新校舍。但1937年東南線戰局的突變使臨大不得不在1937學年的第一學期結束後又倉促西遷雲南,新校舍始終未得利用。而在到達昆明之後,聯大重新面臨校舍無着的問題。

遷校的先遣人員,在雲南省府的大力協助下,只能在昆明東南城外租賃了幾個大會館為工學院校舍;又向西城內外省立學校區內之昆華農院、昆華師範、昆華中學等所學校各商借若干間課室和幾棟宿舍樓以供理學院暫用。至於文學院和法學院,則只是最後由較熟悉地方情況的人提出在昆明南邊[三百]①公里的蒙自縣城南近郊有一片空閒的公房或有可謀,並經先遣人員現場察看認為可用後,才得到切實的安頓。

這一片空房位於蒙自縣城南關外一片名為南湖的小水區的南岸,包括四部分 —— 屬於中國的公房的蒙自海關,屬於法國人產業的法國領事館、法國蒙自醫院、法國東方匯理銀行。此外,在南湖北岸還有一所由法籍希臘人經營的歌臚士洋行所附

---

① 手稿中無數字,經查應為三百。—— 編註

蒙自海關，西南聯合大學為蒙自分校租用的校舍

設的假期旅店。除歌臚士洋行的旅店由學校照市價租賃之外，其餘各單位的房屋，雖然名義上是租用，卻只收取象徵性的租金。（據我們據知，海關的房屋只收法幣一元的年租金。）

這一片各機關的房屋成為無用空房的事實，實際上，表述着一個我國邊陲對外通商新商埠雛形的形成和其夭折的歷史。蒙自原為雲南的一縣治，清光緒十三年（1887）據清政府與法國簽訂的《中法續定界務專條》的規定闢為對外開放的商埠。這一大片房屋是這個通商口岸初期新成立各機關的公廨、商號。它不建於縣城內而建於城的近郊，另成一區，是完全符合於當年各通商口岸新商埠區建設的習慣的。當年若干通商口岸的各國租界也就是這樣地形成、轉變來的。但是這種在各通商口岸形成的新商埠區並不必然轉變為租界。蒙自這一片土地，並不像有些人所認為的，是舊法國租界，而只是通商口岸一新商埠區的雛形。在不久的後來滇越兩地國際通商的通道改變之後，這個雛形的新區就不再發展而夭折了。這些機關都搬走，就留下了無用的空房。我們後來在昆明的幾年就在正義路上看見一所海關的辦公樓，門口掛的不是「昆明海關」而是「蒙自海關」的牌子，這應該可以説是其明證。

蒙自分校的成立本來是一權宜之計。聯大是計劃在昆明市西北郊已覓得的一片土地上，在兩年內，興建一套校舍以容納文、理、法三院的。按照這一計劃，蒙自分校至少得辦至 1939

夏季學年結束時。但後來由於空軍忽然急用蒙自機場和這一片房屋為空校之用，我們不得不於 1938 年 9 月初，在蒙自只上了一學期課後，就撤回昆明。蒙自分校的歷史就此結束了。

值得回憶的是，當我們剛到昆明聽說文、法學院不能留在昆明而要遷往邊陲小縣時，我們都有點失落之感。但在蒙自住了幾個月之後。我們對這地方發生了感情。一旦知道又將搬回昆明，我們感到戀戀不捨。原因很簡單，環境清靜，民風淳樸，學校和居民之間，不但相處融洽，而且多方得當地各界居民的協助。例如，我們的全部女生都寄住在城內一人家的大院內。過去常為人們所稱的市民和大學師生 (Town and Gown) 的矛盾並不存在。所以，在我們離去之後，長期以來，我們深感對地方的隆情厚誼沒有留下任何具體的報答表示。最近，我們才了解到，歷年來，不下於[①]聯大畢業同學一直在蒙自和其鄰縣從事教育和其他工作。這總算是留下了一些學術種子，為哪怕是短暫居留的「故鄉」出點力量。則本書的問世，在表達這一心意上，就不無有點意義了。

1991 年 10 月

（本文原為《西南聯合大學在蒙自》序）

---

① 根據陳岱孫手稿整理，手稿中缺字。——編註

日軍鐵蹄下的清華園

　　為了紀念抗日戰爭勝利五十週年，清華大學檔案館陳兆玲、歷史系朱育和等同志編纂一本名為《日軍鐵蹄下的清華園》的書。書成，將以付梓，來求序。

　　本書基本上是一種史料彙編，其材料主要選自清華大學檔案館館藏的抗戰時期學校歷史檔案。全書共分四部分：（一）日軍強佔清華園及其暴行，（二）清華園的接收與光復，（三）損失統計，（四）附錄。共 20 萬字。

　　1937 年 7 月 7 日的「盧溝橋事變」點燃了抗日戰爭的戰火。不幾天後，楊村戰事的繼發導致了平津全部地區的淪陷。南京教育部，趁北大、清華、南開三校校長，在參加盧山會議後滯寧未及北返之便，商定由此三校於長沙合組為長沙臨時大學。

　　北平淪陷後，清華園成為孤島，由校內小部分未及南下之同人組織 —— 保管委員會以保管校產。日寇在 1937 年 8、9 月間，即多次來校搜查；10 月中旬起，開始實行強佔部分校舍，掠奪校產，並逐步擴大地盤；至 1938 年 8 月中，終於

將保委會驅逐出校，侵佔了全部清華園。1939年春，日陸軍野戰醫院一五二病院進駐清華園，直至1946年4月底全部遣返為止；前此零星、散亂、偷竊的掠奪，一變為有組織、有計劃、有系統、極盡破壞能事的焚燒、拆毀、公開的劫掠。

日本於1945年8月15日投降。10月16日平津區教育部特派員鄧叔存先生，清華大學校長特派之本校接收委員陳福田先生、張子高先生來校舉行接收儀式，宣佈幾條守則。其中之一為「日方須照清華大學接收委員會預定計劃次第將校舍騰空並須恢復原狀交還」。11月3日，由何汝楫率領的首批負責辦理園內一切事宜同人才進住校內，進行第一批校區校舍的具體接收。首次接收區域只包括校內小河南岸之學務處、工字廳、西北院、古月堂、甲乙丙三所及成志小學等。

本書多處以案宗的形式記載了各次接收的房屋和財物的破壞和損失的情況。但只有目擊這些破壞和損失的遺跡者，才會感到清華園內滿目瘡痍的淒涼情況。眾多館舍，表面上，尚似完全無恙，但一窺其內，則從房屋間架、門窗、地板，以至裝修無不片片毀壞。原有之設備，從圖書、儀器、機器，直至傢具等等，幾乎全部被劫掠無遺。僅舉一事可例其餘。當年清華大學圖書館分為兩翼，共有三大間普通閱覽室，室內共陳列着六十多張的長閱覽桌，配以六百二十四張特製的、舒適的閱覽椅子。在我們接收圖書館時，閱覽室卻改為普通

病房和手術室。舊傢具設備全然不見了。後來，我們在圖書館樓下一個小角落裡居然如獲至寶地發現了一張原來的舊閱覽椅子。後來，我們就是用這張椅子作為模型，為圖書館三大閱覽室恢復舊觀的。

但在這些無情的設備、物資的掠奪中，居然有一種物資的殘餘後來得以珠還，那就是圖書館的部分圖書。清華園被侵佔之後，圖書為首先被無情掠奪之一物。頭幾年被掠奪的圖書大部分被運往關外，甚至有運去日本者，這部分損失後來是無可查考了。到1941年經過以對清華大學藏書進行整理的名義，由日偽若干機構各取所需，掠為私有之後，其殘餘圖書約二十萬冊和部分的書庫鋼架則撥交偽政權北京淪陷後利用原北京大學在沙灘等處的北大校舍組建的偽北京大學。清華大學保管委員會，於1945年11月30日先接收了舊圖書館後，即開始和市內各藏有清華圖書單位聯絡，陸續將之收回。雖然這收回的圖書只是原館藏圖書的小部分，但在大規模劫掠之餘，居然能索還哪怕只是少量殘餘，仍然是值得一記的。況且這一例外適是以反映其他設備損失的全面性和徹底性。

校舍破壞、物資損失如此之甚，在一切皆為當務之急的復校工作中，最為迫切的是對校舍的修繕和最低限度的一切教學設備的補充，以應1946年秋季西南聯大結束後清華復校時教學和生活的急需。然而在1945年10月16日接收儀式

會上，鄧特派員卻又允許日方醫院可以次第騰空歸還。而預計從接收日起至全部騰空歸還的時間，至少得半年。這就為後來騰空後的修繕等工作帶來了十分的緊張不便。接收委員會也知道次第騰空校舍的做法是不得已的。日本投降後，眾多在華北的日軍及其他日本公民都在遣返之列，海上運輸力量的限制使遣返不得不分期舉行。現役的日軍官兵當然是在遣返的首列，而傷兵只能在其次。接收委員們本來預計原來的一五二病院可以在三個月內騰空遣返，但沒想到我們接收委員會於 1945 年 10 月 16 日到校宣佈接收時，日軍野戰醫院一五二病院所容納者已不只是原一五二病院的傷兵和醫護人員，還容納了從日軍駐燕京大學另一傷兵醫院轉移來的全體傷兵和醫護人員。

燕京大學在 1941 年冬，珍珠港事變之翌日，即為在北平之日軍所侵佔，不久也成為日軍一傷兵醫院。校長美國人司徒雷登及若干美籍教職員成為日軍俘虜，被送往山東一拘留所拘禁。1945 年 8 月 15 日，日本投降，司徒雷登一行立即來平。在 8 月底，即來燕園，宣佈接管全部校舍，將在燕大校內之日軍病院成員全部限日驅出。日軍病院，在此不可抗拒的情形下，投奔清華園，加入一五二病院，從而增加了清華園等待遣返的人數，延長了全部校舍騰空之期，影響了我們對校舍急待修繕的工作。

國立清華大學接收委員、(北平) 校產保管委員會主席陳岱孫在北平城內騎河樓清華同學會辦公 (1946 年 2 月)

　　這是在我們 1945 年 10 月 16 日宣佈接收前存在的現實。在我們接收後的第三天，日軍聯絡部派員至我們設在騎河樓清華同學會會所內的接收委員會做彙報，曾請允許今後仍繼續收容平郊近區傷兵約四千名。對此請求，我方立即予以拒絕，並指示此後，決不許再有傷兵進駐之事，阻止了清華園更進一步地成為北平郊區日軍傷兵的鄰壑。

　　都是五十年前的往事了。對當時身歷其境、目睹校園一片殘破的景象者，本書也許更易引起若干痛苦、憤怒的回憶。而對於一般人民群眾，這一歷史事件也許只是兇惡的敵人對我國文化機構進行摧毀罪行的一個案例，只是全部戰爭史的一頁。但這案例，這一頁的歷史卻應該給我們以深刻的教訓，讓我們從之記住，在抗戰期間，中華民族所經歷的災難，認識到，罪惡戰爭對人類的摧殘，努力使類似的悲劇不再重演。本書編纂的意義其在斯乎。

1995 年 7 月 12 日

（本文原為《日軍鐵蹄下的清華園》序）

給清華大學校史組的信

《新清華》編者按：本刊系列短文《清華園風物志》刊出後，受到校內外校友的關心。日前，我們高興地收到陳岱孫先生的長信，對其中「三院」條目作了重要的修正和補充。除專函答謝外，特把原信全文刊出，以饗讀者。陳先生是我校 1920 級校友，曾長期任教母校，並擔任法學院院長及其他校行政的重要職務。抗戰勝利後，他曾受梅貽琦校長委託，作為接管北平校舍的負責人先期北上。「三院」條目中所談的許多內容都是他親手處理過的。

清華校史編研組同志：

《新清華》1987 年 3 月 20 日第 945 期《清華園風物志》中關於三院一條中有失實處。事關信史，冒昧提出下列意見：

(1) 三院第一排是教室，第二、第三排是學生宿舍，第四排是食堂及廚房。二十年代改辦大學至 1937 年抗戰起時，一

直作此用途。第一排仍作為教室,但非文學院專用教室。宿舍、食堂仍為三院的組成部分。

(2)抗戰勝利,在昆明的清華辦事處1945年秋派組一委員會接管北平校舍,於是年10月先接管了校內東西向小河南岸所有校舍。河北校舍一直等到1946年春日本軍醫院撤出河北區,傷兵全部遣返,才由接管委員會接收。

(3)三院一排後面的宿舍、食堂是在1946年春天接管委員會接管後即拆除的,不是「全校復員以後」。全校復員是在1946年夏秋間。

(4)拆除不是由於「建築新教師宿舍缺乏材料。……用以建造了勝因院教授住宅共40所」,而是由於在日佔期間,破壞嚴重,經當時負責修復校舍之基泰工程司檢查認為危險房屋,不值得修理,故決定拆除。

(5)當時重慶教育部撥了一筆修繕專款。此款完全用於修繕原有之校舍,沒有一文撥作建造新校舍之用。三院拆下之材料也有撥作修繕原校舍之用者,但也沒撥作建造勝因院新住宅之用。

(6)勝因院全部住宅的全部建造費用,由接管委員會援南開大學之例,向當時設在北平的「中國善後救濟總署」分署申請「以工代賑」協款支付。除了買地一項由教育部撥款中支付外,其餘一切工料都來自救濟總署以工代賑的協款。這件事,

清華應該有檔案可查。

　　專此，並致

敬禮

　　　　　　　　　　　　　　　　　　　陳岱孫

　　　　　　　　　　　　　　1987 年 4 月 14 日

（本文原名為《陳岱孫先生就〈清華園風物志〉所載
〈三院〉一文給清華大學校史組的信》）

福建省閩侯縣螺洲鄉太傅
陳公生平敘略[①]

螺洲地理和人文

螺洲位處福建省會，福州，三十華里之南，為鄰於閩江江中南台島南岸的一個小洲。

閩江是福建省主要的水系。它的上游，接經浦城、建甌北來，經紹武、順昌西北來，和經永安西南來的溪水，到南平合而為一，貫穿兩岸險灘峽谷中奔瀉東下。自閩清以下水勢稍緩。在福州，它又分為北港和南港二支流。二支流中間夾着一個稱為南台的島嶼。北港一段，又稱為台江，流經林浦、鼓山麓至馬尾；南港一段，又稱烏龍江，流經陽岐、螺洲、石步、峽兜也下至馬尾；兩港匯合後，東流蜿蜒入海。

螺洲北岸與南台島南岸相隔不足一百公尺，其南岸則面

---

① 太傅陳公以及文中的「太傅公」，係指陳寶琛（1848—1935），字伯潛，號弢庵，晚號聽水老人、滄趣老人，宣統帝師。陳寶琛是陳岱孫的伯祖，其弟陳寶璐是陳岱孫的祖父。本文係陳岱孫先生應海外親友約請而作，成稿於 1989年 5 月，未曾公開發表。——編註

臨大江的南港。它是一個面積約五平方公里的泥沙沖積洲。雖然有人認為，由於在洲南岸，如觀瀾堂、朱子祠、媽祖廟的前後，望坡故居、泰山廟廳院中，都有巨大岩石突出地表，螺洲名「洲」不如稱「嶼」更為妥帖。

螺洲的住戶約一千，人口約五千人，百分之八十為農業人口。居民主要為陳、吳、林三姓，聚族居於洲之南部；洲之北部基本為稻田和桔園。陳姓聚居在洲南部之西頭，由橫龍港、洋墻尾到埃門兜的店前村；吳姓聚居在從埃門兜到倉里巷尾洲南部中區的吳厝村；林姓則聚居在倉里巷望東的洲南部東頭的洲尾村。

明朝一代在螺洲三姓中，吳姓科第較盛；陳姓則只有三世祖名曄者在明英宗天順三年（1459）中了舉人，六世祖名淮者在明世宗嘉靖十七年（1538）成進士。陳姓的發跡起於清代康熙、雍正兩朝（1662—1735），有清一代考中舉人者九十二人，成進士者二十人。

陳姓氏族和世系簡述

現在聚族而居住在福建省閩侯縣螺洲鄉的陳姓，習慣於說：「吾陳系出穎川。」意思是我們的祖先來自所謂「中原」。但年代久遠，這說法的詳情已不可考。現在能具體說的只是，這個陳氏的始祖，在唐朝的季年，也就是公元 9 世紀末，從河

南省的固始縣遷來福建省的長樂縣。到了明太祖洪武年間，即公元 14 世紀，一位名陳廣號巨源的老祖宗又從長樂縣的陳店、鶴上村，遷來屬於當時尚稱為閩縣的螺洲鄉，成為螺洲陳氏始遷之祖。

據說，遠在這以前的宋朝（10 世紀末至 13 世紀初）已有另一陳姓的郡馬曾住在螺洲，其後代也即在此定居。但這一陳姓後來逐漸沒落，一部分的人也流徙到省城和鄰縣。所以今天提起螺洲陳姓指的就是這一支從長樂遷來的氏族了。

這一氏族在定居之後，生息、繁衍成為螺洲居民中三個大姓之一。雖然近年來，不少人移居省內外，但在螺洲本鄉內，仍然可以看到一定的聚族而居生活的遺跡。

從始遷螺洲的公元 14 世紀到現在 20 世紀，已經歷了約六百年，但是長樂和螺洲的陳姓氏族仍然互認「本家」（即同宗）的關係。1932 年 4 月第三次修訂的《螺江陳氏家譜》「例言」中所說，這兩地的陳姓，「慶弔必聞，祭祀必告，往來酬酢儼然一本之親」，所指即此關係。

螺洲陳姓從肇遷祖十四傳而至太傅公的曾祖文誠公，名若霖，在清朝官至刑部尚書。文誠公有三子，次子布政公，名景亮，官至雲南布政使，為太傅公的祖父。布政公的長子，光祿公，名承裘，為太傅公之父，成進士後，以主事用，分刑部浙江司行走。他不願做官，時布政公遊宦濟南，乃請假往山

東省親，後來就侍奉布政公回福建，未再出仕。螺洲陳姓被
稱為書香門第、八閩望族，可以説是從這一時期開始的。

太傅公為光祿公的長子，名寶琛（1848—1935），字伯潛，
號弢庵，晚號聽水老人、滄趣老人。太傅公有弟六人，寶瑨、
寶璐、寶琦、寶瑊（早殤）、寶瑄、寶璜。除早殤者外，太傅
公六弟兄都是科第出身。太傅公有子六人，有孫十一人。

太傅公的早達和受譴

太傅公生於 1848 年。1860 年，咸豐十年庚申，年十三
歲，應秀才試，獲雋，入閩縣縣學為庠生。1865 年，同治四
年乙丑，年十八歲，應本省補行甲子鄉試，中試舉人。1868
年，同治七年戊辰，年二十一歲，赴京會試，成進士，改翰林
院庶吉士。1869 年，同治八年己巳，年二十二歲，翰林散館
考試後，授翰林院編修。1875 年，光緒元年乙亥，年二十八
歲，翰詹科道大考，名列前第，擢為翰林院侍講，旋派充順
天鄉試同考官。1879 年，光緒五年己卯，年三十二歲，充甘
肅鄉試正主考官。1880 年，光緒六年庚辰，年三十三歲，以
侍講充日講起居注官，繼授右春坊右庶子。1881 年，光緒七
年辛巳，年三十四歲，授翰林院侍講學士。1882 年，光緒八
年壬午，年三十五歲，充江西鄉試正考官，就授江西學政。
1883 年，光緒九年癸未，年三十六歲，授內閣學士兼禮部侍

郎銜。1884 年，光緒十年甲申，年三十七歲，法越事起，從江西學政調南京，任會辦南洋事宜大臣，得專摺奏事。太傅公這一段的生平是為時人稱羨的少年科第、仕途早達的經歷。

這一時期也是光緒皇帝載湉以沖齡登位，慈禧太后垂簾聽政的初期。當時，清皇朝在靠曾國藩、曾國荃、左宗棠、李鴻章等湘軍、淮軍平定太平天國和捻、回等農民起義軍後，很優禮漢族大臣。更重要的是，在垂簾聽政的初年，慈禧太后未嘗不想假藉各種機會，建立自己的威信，而容納直言也是建立威信的可取的手段之一。

太傅公早達，當然有以「澄清天下，致君堯舜」為己任的當時封建社會文人學士的傳統抱負。他自入翰林後，與左春坊左庶子張之洞、侍講學士張佩綸、宗室侍郎寶廷交誼甚篤。他們四人又和通政使黃體芳、吳大澂等，皆奮發言事，不避權貴，對時政敢言敢諫。而朝廷對於他們諫言也十分容忍，甚至有時奏章朝上，不交部議，迅即飭辦。時人稱他們為「清流黨」，因此亦大招權貴之忌。

在這一段時間，太傅公數十次上疏中，有幾件事值得一提。

一件事是，奏請申明門禁，裁抑宦官。1880 年，光緒六年，慈禧信任的太監李三順，違例直出午門。值班守門的護軍不肯放行。李三順回見慈禧，說他為護軍所打。慈禧當時

有病在休息，即請慈安太后來她的寢宮，要求慈安重辦此案，並說，若不殺護軍，她就不願再活下去。慈安遂下旨將這案交刑部會同內務府審辦並面諭刑部尚書潘祖蔭，必殺護軍。這一案，在當時，備受朝野重視，但朝中沒有一個敢在太后盛怒之下，冒丟官殺頭的危險入諫的。就是有清一代名臣，當時工部尚書翁同龢，雖在他的日記中說，「貂瑾之弊，往往起於刑獄，大臣無風骨，事勢漸嚴」，也不敢犯顏直諫。太傅公探悉案情，上疏力爭，說苟護軍得罪，則「此後凡遇太監出入，但據口稱奉有中旨，概即放行，再不敢詳細盤查，以別其真偽，是有護軍與無護軍同，有門禁與無門禁同」，並引嘉慶年間太監引賊入宮內，乾隆年間太監盜竊庫銀事，指出「此輩閹寺，豈盡馴良」，不可開其驕橫之漸。慈禧見疏，只得將護軍減刑，免其死罪，並將李三順交慎刑司打三十板，以結此案。旨下後，翁同龢又在日記中寫道：「前日庶子陳寶琛……有封事爭此」，感到自己「大臣失職」，「既感且愧」。

第二件事是，為了澄清吏治，他不怕權貴，多次敢於彈劾不稱職的大臣。例如，1878 年，清廷派滿洲貴族都察院左都御史崇厚出使俄國，談判索還為沙俄強佔的伊犁。崇厚在沙俄的威脅愚弄下，於 1879 年擅自和沙俄簽訂了喪權辱國的《里瓦幾亞條約》。朝野譁然。清政府將崇厚革職拿問，定罪為「斬監候」。但由於沙俄的外交抗議和武力恫嚇，清廷竟然

將崇厚免罪開釋。太傅公對這一事件，和張之洞先後交章彈劾，請誅崇厚、毀俄約。及開釋旨下，太傅公復上疏痛陳「在強鄰要挾下，太阿旁落，朝令夕更」，「恥辱四夷，蒙譏萬世」，要求對誤國的崇厚「宜服人臣不赦之極刑」，而對軍機處和總理各國事務衙門的王公大臣們「遲延貽誤之咎」，也應「量予處分」。當然，他這一主張沒有為清廷所採納。

此外，他曾以星變奏陳斥退大員，軍機上行走大學士寶鋆、吏部尚書萬春黎、都察院副都御史程祖誥等人，使他們得到不同程度的處分。他又以不稱職守，彈劾過擔任北京左翼統兵兼步軍統領的崇禮。在江西學政任內，他以違法秧民、招權納賄、辦案不公、結怨釀患等罪名參奏江西寧都直隸州知州韓懿章、候補知府榮綬、九江知府達春布、吉安知府鍾珂等，使他們得到革職處分，並使江西巡撫也受到朝旨的申斥。

第三件事是，從主張「塞防」（防俄）和「海防」（防日）並重，到主張援越抗法一貫的反抗帝國主義侵略的立場。

19 世紀 70 年代前後，帝國主義推行擴張政策，窺伺我國領土。沙俄佔領我國新疆伊犁九城，派戰艦到我海面示威。日本公然吞併琉球，窺伺台灣。當時清廷內部曾引起了一場關於「塞防」和「海防」的爭論，出現了聯日防俄的主張。太傅公上疏指出聯日之說「懵於事理」，其流弊必「禍延朝鮮」。對曾紀澤代崇厚使俄在俄京進行談判事，他和張之洞聯銜上

奏，主張不能「捐可守之疆土，擲已返之侵地」，表示捍衛領土完整的決心。因此，他提出「塞防」和「海防」並重，「俄事應堅持，日事無庸遷就」。

但對外禦侮主張所遇的最尖銳的衝擊是援越抗法的鬥爭。法國帝國主義在 19 世紀 70 年代初即開始侵犯越南。1871 年，越南諒山事起，1873 年，法軍攻陷越南河內，1874 年，越南與法國定約。但苟安幾年後，戰事復起。1882 年 4 月，法國侵略軍再陷河內，企圖打通紅河，直窺雲南，又派戰艦在我東南海疆游弋進行威嚇。5 月，太傅公和張佩綸為存越固邊，聯疏力主出援越南並薦江西道員唐炯和湖北道員徐延旭堪任軍事，同時，張之洞也推薦了徐延旭。因此他們兩人都晉了級，唐炯簡放雲南布政使，徐延旭為廣西布政使，不久唐炯又升為雲南巡撫，俱負邊防的責任。這件事就埋伏下了太傅公後來獲譴的根子。

1883 年 3 月，法國侵略軍侵入越南的南定。1884 年 1 月，又攻陷越南的山西，進窺北寧。我邊疆危急。太傅公認為清政府和戰不定的策略是招禍之源。他幾次單獨或與人會同上疏主戰，並表示「敵愾同仇，不敢自同局外」，苟有用他之處，他「絕不敢辭」。

清廷鑑於中法在雲桂的對峙，導致海疆日緊，於 1884 年派太傅公會辦南洋事宜大臣，吳大澂為會辦北洋事宜大臣，

張佩綸為會辦福建海疆事宜大臣。這三個欽差大臣都被授「專摺奏事」的特權。

太傅公於前此二年（1882）方從江西鄉試正考官在贛闈中奉授江西學政之命。在接奉南洋會辦的任命後，原擬先回京請訓，面陳機宜。時清廷和戰之意不定，旋奉旨無庸回京，即赴津隨李鴻章與法議和。尚未啟程，又承旨，和議已改在上海進行，着隨曾國荃同赴上海議和。直至是年 8 月，由於孤拔率法國戰艦佔據了台北基隆，清政府才放棄了「力保和局」的幻想，令太傅公同南洋大臣、兩江總督曾國荃「即速回江寧辦防」。

曾國荃是湘軍首領，清代中興名臣，鎮壓太平天國農民起義有功的曾國藩的九弟，世稱九帥。他自己也曾率領湘軍對太平軍作戰，於 1864 年攻復天京（即南京）。這時，他任南洋大臣、兩江總督，年已六旬。他既看不起這個年方三十五歲、科第出身的書生的紙上談兵，又認為以陳為南洋會辦明明是分他的軍權，心中很不服氣。尤其使他難堪的是，會辦名義上是他的副手，但會辦又可以「專摺奏事」，即不須通過他這個主帥便可以直接單獨的上奏、參劾。形式上二人有上下正副之分，而實際上二人權限無大區別。這種關係就導致了，從開始時，就發生意見和工作上的矛盾，兩人上疏互相指控的不和局面。但是軍權實際掌握在主帥的手裡。太傅公陷於備受排擠、無所作為的窘境。

馬江戰役的前夕，會辦福建海疆事宜大臣張佩綸電請軍機處飭南北洋艦隊派艦援閩。戰爭爆發時，又電請飭南洋速撥原屬於福建艦隊之「開濟」兵船赴閩，並電太傅公云：「開濟船應還閩，如管駕推延，請遵旨照退縮不前例，正法。」由於曾國荃的阻撓，派艦支援完全沒有實現。福建艦隊全軍覆滅後，太傅公兩電北洋，陳借兵艦會合南洋艦隊，乘法人率艦出閩江口時與閩省之陸軍內外合擊之策，乃未得一復。再加上太傅公在視察防務時，又參劾了曾的寵將陳湜，兩人之間的矛盾益形尖銳。適太傅公母林太夫人於是年 9 月疾終鄉宅，太傅公遂呈報丁憂回籍守制去了。

太傅公回籍後，接踵而來的是，對法戰爭的挫折和中樞改組後，對他個人所造成的逆境。先是馬江戰役的爆發和失敗。1884 年 8 月 23 日，法國侵入我福建馬江的艦隊突然向我襲擊。我艦隊被毀，船廠被炮轟擊。張佩綸遂由此而得罪，被革職、遣戌。太傅公和張佩綸是好友，在法軍侵入越南窺伺我邊陲時，兩人都是主戰派，又同得原樞臣恭親王奕訢和大學士李鴻藻的器重。至是中樞易人，遂以推薦唐炯、徐延旭的罪名，對所謂「清流黨」大肆打擊。

徐延旭升為廣西布政使後，受朝命，飭駐在廣西邊境南面的黑旗軍劉永福收復為法軍所佔的越南河內，並奉令如法犯北寧，立即迎擊。清廷又令升為雲南巡撫的唐炯即赴前敵

並接濟劉永福軍食。及法兵進逼北寧，徐延旭始終株守諒山，他轄下的桂軍黃桂蘭、趙沃部，遇敵即潰，敗走越境太原，北寧重鎮遂為法軍所陷。而唐炯自雲南出關督師，未奉朝令即擅自率部回昆明，致使越境山西失守。清廷得報，首先以用人不當免除了恭親王及李鴻藻的軍機處職務，改以慶郡王奕劻等為軍機大臣，除下令收徐唐二人革職拿問，分別檻送北京，下刑部牢嚴訊，定了「斬監候」的處分外，又進一步追究保薦人的責任，下旨說，「陳寶琛、張佩綸力舉唐炯、徐延旭堪任軍事，貽誤非輕，陳寶琛着降五級調用」，張佩綸另因軍務獲咎，「着革職來京，聽候議處」，旋承旨謫戍張家口，「張之洞雖亦進薦徐延旭文武全資，實屬失當，姑念在粵頗着勳勞，從寬察議」。太傅公受到部議降五級調用的處分後，在籍守制期滿，終光緒之世遂不復出，從 1884 年末至 1909 年初（三十七歲至六十二歲）謫居廢棄者二十五年。可巧的是，在三人因越事受譴前兩年的 1882 年，「清流黨」中的另一人，寶廷侍郎，於典試福建復命途中，納江山船女為妾，遂自劾罷官，歸隱西山，不再復出。從此，「清流黨」遂成星散，朝政由慈禧獨攬，文酣武嬉，益無人敢作直言切諫矣。

謫居在籍的二十五年

太傅公謫居回籍後，一直住在螺洲，寄志詩文，縱情山

水，過着韜光養晦的生活，儼然有終老林下之意。在這二十多年的鄉居中，值得一記的有兩件事。一是辦學，二是修鐵路。

1898 年，光緒二十四年，太傅公應大府聘，任福州鰲峰書院山長，時年五十一歲。書院是興辦新型學校前的高等學校，山長既是一院之長又是主講教師。福州當時有正誼、致用、鳳池、鰲峰四大書院。山長一般是由名師宿儒擔任，也間有由回籍的大員擔任者，但也必須是科第出身，在學術上負有盛望者。

19 世紀末年，國內已有興辦新型學校的呼聲。1900 年，太傅公在福州烏石山創辦東文學堂，學習日文，為派學生留學日本做準備。這是福建第一所新型學校。1902 年，清廷下令各省興辦學堂。太傅公以教育的基礎在小學而關鍵在師資，遂改東文學堂為全閩師範學堂（即今福建師大學前身之一），親任第一任監督（校長），更在校內開辦簡易科，資遣速成師範學生留日，進入特約之東京等處學校學習，俾於畢業回國後可以急應教學需要。當時，福建省府還創辦了福建高等學堂，太傅公也被聘為該校的監督，後來在這基礎上，拓辦了法政學堂、商業學堂，遍設了全省的中小學校，又請大府規定了歐美留學生官費名額等等，為福建省新型學校的建立奠定了基礎。

　　從 19 世紀末年起，帝國主義群思染指中國的建築鐵路權，企圖以之為劃分勢力範圍進而瓜分中國做準備。為了阻止帝國主義這一陰謀，閩、浙、皖、贛四省都擬自築鐵路，推舉本省人為鐵路總理。太傅公對於建築鐵路本極重視，曾代巡撫劉銘傳擬《籌造鐵路以自圖強摺》，陳述：「自強之道……機括則在於……鐵路。鐵路之利於漕務、賑務、商務、礦務以及行旅釐捐者不可殫述，而於用兵之道，尤為急不可緩之圖。」後由福建省京官光祿寺卿張亨嘉等呈請商務部代奏由本省自辦鐵路，並「公推陳寶琛總理福建鐵路事宜」。奉旨依議。

　　太傅公被推總理福建鐵路事宜後，悉心籌劃，擬定章程，定名為「福建全省鐵路有限公司」，首先規定「專招華股，華人之僑居外洋各島者，亦得與股」。全省計劃的路線為自福州至延平，然後北去由延平至建甌以接浙江；西去，由延平至邵武以接江西；二者為上游乾路。另自福州南去至興化，歷泉州、漳州以接廣東，是為下游乾路。太傅公認為，路線必起點於通商口岸。福州、廈門為通商口岸，客貨最多，泉州的安海次之，所以決定先修漳廈、泉東（泉州至安海）、福馬（福州至馬尾）三段。並建議四省公立一鐵路學堂，培養管路人才。後來「四省路礦學堂」成立於上海，民國初年併入南洋公學（上海交通大學的前身）。

1906 至 1907 年，太傅公親赴南洋各埠募捐，至爪哇，至七洲洋，至息力，至檳榔嶼，至海珠嶼，至威雷斯，至大白臘，至吉隆，至泗里，共募得一百七十餘萬元，決定先辦漳廈段九十華里，於其年 7 月開工。這是福建開辦鐵路的開始。

由於工程費拮据，工程拖延，開工兩年多只修了七十多里的鐵路，1910 年先將嵩嶼至江東橋開車營業。1909 年 2 月，太傅公奉召入京，開復原官，遂辭去福建鐵路總理職務，於是年 10 月請假回籍，結束閩路移交的事宜。

民國成立後，鐵路公司的情形更為困難，請求收歸國有。1919 年 12 月，當時政府交通部曾議決墊款建嵩嶼碼頭及江東橋至漳州段路線，改稱「漳廈鐵路管理局」。1921 年因軍閥混戰，款不能繼，又因貪污盜竊，管理混亂，不久連路軌路基都拆除殆盡。福建第一條的鐵路就此夭折了。

開復原官後的派職和晚年的前朝師傅的生活

1908 年，即光緒三十四年戊申秋，光緒和慈禧幾同時去世，溥儀入嗣帝位，改元宣統，以其父載灃為攝政王。

至是，二十幾年前以「清流黨」中堅分子著名的寶廷和張佩綸都已相繼去世，剩下的就是太傅公和張之洞二人。在過去風雨飄搖的年月中，張之洞雖然並不蒙聖眷，被外放山西巡撫，但甲申中法事起，調至廣東後旋升總督，又調湖廣總

督。溥儀即位後，張之洞被調回京，當上軍機大臣。他在攝政王載灃面前力保太傅公。

1909 年，宣統元年，太傅公被召入京，先派總理禮學館事宜，召見後，奉旨開復原官，時太傅公已六十二歲，謝摺中有語云：「賈誼之對宣室，非復少年；蘇軾之直禁林，永懷先帝」，一時傳誦，也恰表達了他當時不無遲暮之感的心情。1910 年，官復內閣學士兼禮部侍郎銜，1911 年 1 月，以原銜派充經筵講官，繼復充資政院碩學通儒議員。

1911 年 5 月，內閣撤銷，學士裁缺。6 月，太傅公被補授為山西巡撫。當時年老輩長的慶親王奕劻任首席軍機大臣，苟且公行，頗招物議。在禮節上，外放的大員除奏謝簡授之外，得去拜謁軍機大臣。有人事先告訴太傅公，在晉謁慶親王時，須備一份厚禮作為晉謁之儀。太傅公不聽。因此慶親王頗不高興，在一次討論為小皇帝配備師傅的會議中，便推舉由太傅公充任，並建議改派陸鍾琦任山西巡撫。於是在甫拜撫晉明令之後，不及一月，太傅公又奉旨開去山西巡撫缺，改派為毓慶宮授讀。在宦途上，失去封疆大吏的地位而改任有虛名而無權力的師傅，明升暗降，當然是一大憾事。但陸鍾琦在山西就任不幾個月，辛亥革命起事，陸為革命軍所殺，「塞翁失馬焉知非福」的一句古語，卻據此得到驗證。在辛亥革命的前夕，太傅公以候補侍郎改補正紅旗漢軍副都統和弼

德院大臣，授讀如故。

辛亥革命起於 1911 年秋的武昌起義，1912 年初清帝遜位，中華民國建立。民國政府與遜帝訂立優待條約，保留帝號，在故宮之內建立小朝廷，給歲費四百萬兩。當時有人勸太傅公可以告退。太傅公說：「吾起廢籍，傅衝主，不幸遭奇變，寧忍恝然違吾君，苟全鄉里，名遺老自詭耶？」以封建社會忠君的正統觀念為立身準則的六十五歲的太傅公，從此開始了他矢志效忠前朝，仍當宣統老師的二十餘年生活，並於授讀之外，還負責編寫《德宗本紀》、《德宗實錄》。1917 年，授太保，1921 年，晉加太傅銜。

1923 年，太傅公推薦鄭孝胥、羅振玉入宮，分任懋勤殿行走和南書房行走。懋勤殿行走是老師的職稱，南書房行走是專司文詞書圖等事，但實際上他們很快地成為溥儀的諮詢、顧問。

1924 年冬，馮玉祥部隊進入北京後發動了當時稱為「逼宮」的事件，宣告取消清室優待條件，以軍警迫令溥儀出宮，暫時避居其父載灃所謂「北府」的家裡。太傅公知道這消息後先急赴神武門，不得入，後悉溥儀已出宮，乃往「北府」。時有謠言說，馮軍對廢帝將有進一步的不利行動。聚議在「北府」的遺老和親貴們乃主張躲進東交民巷，託庇於外國使館。乃由鄭孝胥通過日本兵營竹本大佐，去日本大使館避難。次

年春，溥儀接受羅振玉的策劃，由日本駐京使館書記官池部和駐津總領事館便衣日警保護，出走天津，居日本租界者七年。太傅公不久也移居天津以便日赴「行在」授讀。

1931 年，發生了「九一八事變」，日本先佔瀋陽，遂及東北各省。羅振玉帶日本關東軍坂垣大佐的代表上角利一到天津迎接溥儀去東北。太傅公不同意這個舉動。但不久溥儀採納鄭孝胥的意見，派人去日本活動。於是關東軍又派土肥原至天津誘引。當時，太傅公適在北京，得此消息後立即趕回天津，在溥儀在天津的寓所「靜園」召開的「御前會議」上，和鄭孝胥展開了激烈的爭辯，認為假借外力，必致喪失主權，反對溥儀去東北。但溥儀認為太傅公過於小心謹慎，終於背着太傅公，和鄭孝胥等人由日人脅送至旅順。太傅公得悉，急趕赴旅順再三勸告溥儀，「不要輕信鄭孝胥的欺罔之言」致被人居為「奇貨」，而要「遵時養晦」，「靜觀待變」。但這些話溥儀已聽不進去了。於是這個被溥儀認為「忠心可嘉，迂腐不堪」的八十四歲的「帝師」在幾天後乃向「幼主」告別說：「臣風燭殘年，恐未能再來，即來，也恐未能見，願皇上保重」，匆匆回到天津，從此離開了他所追隨二十三年的遜帝。

1932 年秋天，太傅公去長春省問，歲暮返津，在「車發長春留別送行者」詩中有「渡海瞻天互七旬，衰癃乞得自由身」等語，他已經把自己作為局外人了。翌年，太傅公自津移居

北平。1935 年 3 月 5 日，太傅公卒於北平靈境胡同寓所，年八十八歲。

家人於易衣入殮時，始由袓衣內發現一份於 1932 年在長春時藏之身上的密摺草稿，剴切力陳進退不可不慎之理。紙已發毛，有殘缺者。當時溥儀處於日人嚴密監視之下，這份密摺是否及如何呈遞，現已無從查考。而溥儀卻於 1934 年春從偽滿洲「執政」改稱「滿洲國皇帝」。太傅公沒任偽滿何職，溥儀仍以清室名義賜諡「文忠」，晉贈「太師」以示優榮。是冬喪歸，葬於福州君竹山。

陳寶琛葬禮時的出殯場面（1935）

回憶梅貽琦先生

　　清華大學校史研究室黃延復同志等幾位清華校友，得梅貽琦（月涵）先生家屬協助，編成《梅貽琦先生紀念集》一種，共收集梅先生生前友好、學生等於五十年間（1940—1990）撰寫的紀念回憶等文字共約三十餘萬字；另各種文體的賀詞、輓詞等三百餘件，將以付梓，來徵序。我與梅先生曾共事多年，對他的思想、事業和為人可以說都有所了解。且本書所收文章的作者許多都是舊識故知。現在這些熟悉的名字以緬懷共同師友的形式聯繫在一起，見之不禁往事縈迴、感慨繫之。因略撰數語，以寄緬思。

　　梅貽琦先生是一代受尊敬的科學家和教育家。突出的是，他一生的業績和清華大學是結合在一起的。他於1909年，由清華（當時稱「遊美學務處」）考選，作為首批庚款留美學生，直接送往美國留學。1914年，他學成回國，暫在天津青年會任總幹事。1915年，即來清華（當時稱清華學校）任教，先後講授數學、物理等課。1926年，他以物理系教授兼任清華教務長（清華於1925年增建了大學部），1928年至

1931 年，他去美國任清華留美學生監督。1931 年年底，他奉召回國任清華大學校長，直至 1948 年。在這十七年任職校長期間，爆發了全國性的抗日戰爭。清華大學從 1937 年至 1946 年，和北京大學、南開大學南遷長沙，繼遷昆明，合組為長沙臨時大學和昆明西南聯合大學。梅先生以清華大學校長的身份兼任「西南聯大」常務委員會主席。1949 年以後，梅先生在美國保管清華大學基金。1955 年去台灣，並用清華基金在台創辦清華原子科學研究所（後發展為新竹清華大學），1962 年在台北去世。

清華初成立時是一所兩科八年制（高等科、中等科，每科四年）的學校；創建於 1911 年，稱清華學堂。後於 1912 年，按照教育部新訂的《普通教育暫行辦法通令》將學堂改稱「學校」。它的程度約等於在六年制中學上面加上大學的一二年級的所謂初級大學。這學制一直維持了十幾年。直至 1925 年，清華才正式成立了「大學部」，開始從實為留美預備學校的初級大學向完全正規大學過渡。

梅貽琦先生是清華大學的主要創建人。雖然清華在 1925 年就辦了「大學部」，但實際上是，在梅先生在校期間，清華才從頗有名氣但無學術地位的學校，在不及十年的時間躋身於國內名牌大學之列。當然，這成就和當時全校教職工的努力分不開的，也和在 1929 年至 1931 年間，長期代行校長職

務的校務會議對辦學方向、風尚，體制、規章等基礎的樹立分不開的。但只是在梅先生的領導下，清華大學的創建才取得了成功。

　　有兩件事特別值得提出。第一件是師資人才的嚴格遴選和延聘。在我於 1927 年來清華任教時，清華大學部也才有三年級的學生，每系的教師人數極少。可以說，在學校改制之後，教師遴選的問題一直為執行校務和各系主持者所注意。在這幾年間延聘者不少為當年各科一時之彥。但是更重要的是梅先生長校後才把這一方針肯定下來。在他就校長職典禮上，提出後來大學都知道的他的名言：「一個大學之所以為大學全在於有沒有好教授」、「所謂大學者，非謂有大樓之謂也，有大師之謂也」。在三十年代初期，清華在延聘教授方面，嚴格地遵循這一原則。教師聘約一般為兩年，兩年後認為可續聘者才致送新聘約。另外，當時也注意避免「近親繁殖」的問題。這不等於排斥本校畢業的同學。但在延聘時，遴選的面要寬，不以本校畢業者為限。所以在三十年代我們全體教授中不少是別校畢業學有成就的學者。這一似乎順理成章地成為清華的傳統，和梅先生的廣致人才的「大師」思想有着直接關係。

　　第二件事是推行一種集體領導的民主制度。在當時和後來都有人說清華大學當時實行的是教授治校的行政體制。清華這一體制是以 1929 年 6 月 12 日修訂的《國立清華大學組織

規程》上有關條款為依據的。規程中規定清華設有下列機構：

（一）教授會。由全體教授和副教授組成。校長為當然主席。它是全校最高的權力機構。

（二）評議會。由校長、教務長、秘書長、各學院院長及教授選出的七個評議員組成。它相當於教授會的常任委員會，是學校的立法機構。

（三）校務會議。由校長、教務長、秘書長、各院院長組成，是處理行政事務的行政機構。

教授會和評議會，在清華學校時期已經存在。這個「規程」實是在二十年代末——那一段沒有校長，校長職務由教務長、秘書長、各學院院長組成的校務委員會代行——的經驗基礎上促進改革的。但在改革過程中清華並沒有提出「教授治校」這口號，這口號是由當時學界中一些人叫出來的。而當時學界中人對於這一稱號也是贊否不一。有一位新就任的北京某大學校長就公開提出「我不贊成教授治校，我的口號是校長治校，教授治學」。當時高高在上的教育衙門和校長階層的領導者們同意這位校長意見者恐不在少數。但梅先生卻採取不同於某校長的態度。從1931年年底他來任校長後，他極力支持這一行政體制。後來這個制度還被帶到西南聯合大學——雖然組織的名稱不完全相同。聯大有個教授會。教授會這一組織本來不是清華所獨有的，但其在原來三校中，其作用不盡

陳岱孫（左一）、梅貽琦（右二）、沈履（右一）等合影於抗戰勝利後

相同。在聯大，應該説，它所起的最高權力機構作用較近於清華的傳統。聯大沒有評議會，卻有一個名為校務委員會，而其實則組成方式和其所起的立法機構作用都和清華的評議會相同的機構。聯大的最高的行政機構則是由三校校長合組成的、實等於清華校務委員會作用的大學常務委員會。

這兩件在清華大學迅速發展起了關鍵作用的事，都和梅先生的偉識、宏量分不開的。

1937 年抗戰開始，平津淪陷。清華大學和北京大學、南開大學奉命南遷，聯合組建「長沙臨時大學」，一學期後，再遷昆明，改稱「西南聯合大學」，從而經歷了九年的顛沛流離的流亡大學生活。建校的道路是艱辛的。三校原來是國內北方三所名校。但正為一位絕對對聯大懷有善意的學界人士當時所説的：三校已被連根拔起，流亡後方，一無校舍、二無設備、三無圖書，只靠教員口授，教不出好學生來。但是臨大、聯大就是在這「篳路藍縷」的精神下，戰勝種種困難建成起來的。這當然又是和三校全體師生堅韌的精神境界分不開的，但也又是和學校領導，尤其是和實際上負校務領導責任的梅先生的領導分不開的。

上面已提過，臨大和聯大都不設校長。學校的最高行政機構為由南開校長張伯苓、北大校長蔣夢麟和清華校長梅貽琦組成的大學常務委員會。在三校長中，伯苓校長年齡最大，

資格也最老。在長沙臨大期間，他曾去長沙參加臨大組建工作，但不久他就去重慶，在當時政府中另有職務，終聯大之期基本上不去昆明。夢麟校長參加了臨大和聯大初期的組建工作。雖然在聯大成立後的初期他仍住在昆明，在後期，也不時來往於昆明、重慶兩地，但即在昆明他亦避免過問校事。張、蔣二校長間似有一種默契，讓三人中年齡最輕，為人謙仲、誠篤、公正的梅校長統管全部學校行政工作。他們公推梅校長為聯大常委會主席，所以梅先生在昆明實際上既是清華大學校長又是聯大校長。而梅先生確不負眾望地把三校的兼容並包、堅韌自強、嚴格樸素的學風融為一體。

舉一小小的例證。在昆明，各機關都有一小汽車，供首長使用。在空襲頻繁的年頭，在城裡發出警報之後，不少機關的首長紛紛乘坐汽車出城到鄉間躲避。清華大學當時也備有一輛小汽車供梅先生使用。也就是在這一時期，後方的通貨開始急劇膨脹，物價日升，師生生活日趨困難。梅先生毅然封存汽車辭退司機，每日安步當車往返寓所和聯大辦事處；有應酬，則以人力車代步。在躲避空襲時，他和師生們一起，出聯大校舍的北門，在北門外小山上，席地坐於亂墳之間。在飛機飛到臨頭時，又一起跳入亂墳向事前挖好的壕溝中，仰察炸彈的投向，這一鎮定堅毅、平等、同艱的行為在西南聯大起了不言而教的作用。

1949 年以後，梅先生在美國保管清華在美的基金，而始終不能忘情於促進科學技術在祖國的發展。1954 年他開始計劃同台灣科技學術機構合作，從事原子科學研究工作；從 1955 年起，相繼籌建了「原子科學研究所」、「化學研究所」和「應用物理研究所」。在這個研究所的基礎上，終於發展成近代大學的規模，於他逝世後改稱為大學（他生前一直拒絕使用「大學」稱號），這就是現在的新竹清華大學。梅先生因積勞成疾，於 1962 年逝世，但新竹清華大學在繼任者不斷努力建設下，今日已成為屹立於海峽彼岸、蜚聲中外的一所名校，足以慰先生的遺願了。

上面所述的梅先生三段和清華大學的關係，是梅先生一生業績的歷史，也是清華大學創建、發展的歷史。這部《梅貽琦先生紀念集》是不同作者從不同的角度，不但為清華的歷史提供資料，實為中國近代教育史，甚至為一般歷史，提供了有參考價值的史料。它是一部對於國內外歷史學者、教育工作者都是一種很有意義的文獻。它的出版，不但應為和清華大學有關係的人們所注意，也應為國內外歷史學家、教育工作者所歡迎的。

1993 年 11 月 20 日

（本文原為《梅貽琦先生紀念集》序）

回憶葉企孫先生

　　葉企孫先生是我國老一輩物理學界的一代宗師。他畢生從事於教學研究工作，對開拓、促進我國科學技術教育的發展，有過不可磨滅的功績。為了紀念這位努力耕耘、不務名利的先輩，他的生前的學生和友好最近發起在其長期工作過的清華大學，設立「葉企孫獎」基金，並出版一本《葉企孫先生紀念冊》。

　　葉企孫先生和我是同學、同事，有着半世紀以上的友誼。他是清華學校 1918 年的畢業生，我是清華 1920 年的畢業生。但我是 1918 年秋季才作為一個插班生考入清華的，而他已於是年夏季畢業赴美留學，所以在清華學習期間，我對他並無識荊的機會。我們的相識開始於 1922 年，這是他在美國哈佛大學攻讀物理學博士學位的最後一年，也是我剛入哈大攻讀經濟學研究生的第一學年。雖然專業不同，但當時在哈大的中國學生人數甚少，我們住處又相近，所以時有過從。1923年，他獲哈大博士學位，去歐洲遊歷，旋即回國，我們之間的往來就中斷了。我於 1927 年道歐返國，受清華聘於秋季始業

時到校；而企孫先生已於 1925 年從南京之東南大學轉入清華任教。由於時局關係，我自滬北上交通受阻，到校時晚，住處未定，他讓我搬進他所租賃的校內北院教職員住宅區一所宿舍，和他同住。是後，除我們分別休假離校的兩年外，我們在這宿舍中一直同住了五年。又是後，除了他於 1941 至 1943 年期間在重慶任中央研究院總幹事，和我於 1952 至 1953 年期間在北京中央財政經濟學院任職外，我們一直是清華、西南聯合大學、北京大學的同事。時間久了，我們之間有着深厚的友誼。我對於他的方正品德、學術造詣、學者風度，深為欽仰。

由於我對物理學是一個門外漢，企孫先生的學術具體成就我是無從置喙的。我所知道的一事是，他是清華大學物理學系的創建者，同時又是清華大學理學院各系發展的奠基者。他為清華大學在短期內躋身於名大學之林，做出了貢獻。清華學校本來是一所留學預備學校，學制為八年，其畢業生程度只等於大學的二年級。在當時，它是一所頗有名氣但無學術地位的學校。在 1925 年，清華開始改制，保留已入校的舊制學生，依照原來章程，在畢業時甄別考選，仍送出國留學；另招收新的大學四年制的學生。企孫先生就是在這一學年受聘來清華的。當年物理系剛剛成立，講課教師只有後來任清華大學校長的梅貽琦先生和企孫先生二人，由梅任系主任。

翌年，兼任教務長的梅先生忙於全校教務，辭去系主任職務，由企孫先生繼任。1928 年北伐勝利，清華學校改名為清華大學，翌年從外交部管理改為教育部管理。1929 年，南京國民政府頒佈了大學法規，建立了大學內分學院、學院內分系的大學組織制度。是年夏天，經教授會選舉，由校長加聘，企孫先生兼任理學院院長。就是從這時候起，在短短的幾年時間內，清華從一所頗有名氣而無學術地位的學校，一變而為名實相符的大學。在這一突變的過程中，應該説，理學院是走在前列的，而物理學系是這前列中的排頭兵。企孫先生，在這一方面，做了重要的貢獻。他為創建清華的物理學系和理學院羅致了一批造詣較深的學者，如熊慶來、吳有訓、薩本棟、張子高、薩本鐵、黃子卿、李繼侗、周培源、趙忠堯、霍秉權、任之恭等人，充實了理學院和物理系的師資隊伍；為物理系積極籌備、組建了研究工作所必需的實驗室，配備了各種儀器設備。清華物理學系，在抗戰前近十多年的時間，培養出一批優秀人才，他們對中國科學事業的發展起了很大的作用。這種慘淡經營的過程是沒有甚麼檔案可查的。時間一久，就容易為後人所不了解或者忘記。

另一件不為人詳悉、人們更易於忘懷的事跡，就是企孫先生 1937 至 1938 年在天津直接參加和支持冀中抗日根據地的對敵鬥爭的愛國行為。

在清華園北院 7 號門前合影（左起：陳岱孫、施嘉煬、金岳霖、薩本棟、蕭蘧、葉企孫、
薩本鐵、周培源，1929）

「七七事變」後戰爭爆發，天津淪陷，企孫先生和我同車赴津，準備盡速南下。當時梅貽琦校長在參加廬山會議後，尚滯留南京，我們知道清華事前已有一個遷校長沙的應變計劃，但在未知消息之前，全校人員不能立即行動。我是受命於校務委員會急赴南京和梅校長相會，商討如何執行前定遷校計劃的具體步驟的。到了天津後，我們商量了一下，認為當時天津南下的海陸交通幾乎完全斷絕——只有罕有的過路遠洋外國輪船有時在大沽口做短暫的停泊；決定先由我隻身南下，先赴南京詢悉究竟並將消息遞回，再發動校內教職工轉移南下，而他將暫留天津作為一聯絡點。不久，我弄到船票設法去大沽口，登上一艘英國遠洋輪到了青島，由青島搭火車到了南京，才知道北大、清華、南開已商定合組為長沙臨時大學，三校校長俱已奔赴長沙籌備一切，留下莊前鼎教授在南京作聯絡工作。我趕到長沙，和梅校長談了平津和清華的情況，由梅肯定企孫先生留津以清華在津臨時辦事處的名義，聯絡、協助並資助清華南下教職工在天津轉站的工作。這就是企孫先生急於出京而後又滯留天津不即南下的最初原因。但這個聯絡站的工作到了 1937 年秋冬之間，就應結束了，當時能南下的清華教職工的絕大部分都已首途了，而企孫先生卻遲至翌年 11 月才去昆明。他滯留在津的原因，已改變為積極支援抗戰，為冀中抗日遊擊根據地輸送物資、人才

的工作了。冀中根據地的主要聯繫人是他的學生、清華物理系的助教熊大縝。熊曾在天津清華臨時辦事處協助企孫先生工作過，不久他就轉入冀中根據地呂正操部參加抗日工作，先後任冀中軍區印刷所長、供給部長兼研究所所長。他多次從冀中來津和企孫先生聯繫。企孫先生從熊處了解到根據地極端缺乏技術人才和迫切需要各種作戰物資的情況，毅然決定留津，不斷為根據地購備無線電報機、電台、醫療藥品、用具及製造炸藥、手榴彈、地雷的設備和原料等物運送冀中，並勸說、協助一些高校學生、技術人員到冀中根據地參加工作。到了 1938 年秋末，企孫先生的秘密活動為天津日軍所發現，將予逮捕。得友人的協助，他才急急地逃出天津，搭船去香港轉赴昆明。在經過香港時，他還去看望了蔡元培先生，請其協助設法籌款支援根據地。到了昆明之後，他依然時常關心根據地對敵鬥爭的情況。但對於他自己在天津一段時期，不顧自身生命危險支援根據地的詳情，則諱莫如深，即對至親好友亦不提及。他曾告訴我，這類言談關係到尚在天津繼續工作和來津聯繫工作的人們的安危，越少人知道越好。

可痛的是，1939 年的根據地鋤奸運動中，由於工作失誤，熊大縝被誣為「特務」，受到錯誤的處分，構成沉痛的冤案。在「文革」中，「四人幫」為了利用熊案以打擊呂正操同志，竟誣陷連一個普通國民黨員都不是的葉企孫先生為

C.C. 特務，將他逮捕拘留一年多，釋放後，仍繼續「審查」，使他身心受到嚴重摧殘，於 1977 年 1 月 13 日病逝。現在熊案已查清得到昭雪，企孫先生也得到平反。

　　歷史這一頁已經翻過去了。今天好似舊事重提，對一位曾是一個中國科技發展開拓者，又是一個真誠愛國者的紀念文章，實際上，不僅是對他本人的公正評價，而且具有向青年一代傳遞一種高尚的立身治學品德和無私的愛國精神，鼓勵他們承繼這種品德和精神，為祖國的科學建設和繁榮昌盛做出貢獻的現實意義。

　　　　　　　　　　　　　　　　1992 年 4 月

回憶金岳霖先生

我和金岳霖先生論交始於 1927 年。金先生於 1914 年畢業於清華學堂，比我高六班。但我們在清華只是先後的同學。我於 1918 年考入清華高等科三年級時，金先生已經去國四年了。金先生於 1923 年學成回國，1926 年來清華任教。而我則於 1927 年回國來清華工作。

我來清華工作後，長期和葉企孫先生同住清華北院七號住宅。我們糾集幾位單身教員和一兩位家住城內的同事，在我們住宅組織一個飯團。金先生是飯團最早成員之一。在抗戰之前的十年期間，他一直住在城內，每星期來校三天。在校之日他住在工字廳宿舍，都在我們這個飯團就餐。我們就是這樣開始了我們在清華、西南聯合大學和北大三段時間二十八年的同事關係和親密的友誼。1956 年，他到中國社會科學院哲學研究所工作，住在城內宿舍，直至 1984 年去世。在這一段期內，我們仍有時互相過從，但聚會的機會還是少了。

金先生專治邏輯學。我對於邏輯學是外行，因此，對於

陳岱孫（左）與金岳霖（右）在北戴河海灘（1936）

他的學術造詣無置喙的餘地。我懷念他的是，他的忠實為人和處世；而我回憶的都是一些只見其一斑的小事。

金先生給人的第一個印象是不修邊幅，隨遇而安。他的兩眼視力不好，怕光，所以無論是白天黑夜，他都戴上一個綠塑料的眼遮。加以一頭的蓬亂的頭髮，和經常穿着的一身陰丹士林藍布大褂，他確實像一個學校的教師。但他實際上是一位極講嚴謹工作、一絲不苟的學者。他有一個數十年如一日的生活習慣，即劃出每日的上午為他的治學的工作時間。只要環境條件允許，在這工作時間內，他嚴格地閉門謝客，集中精力研讀寫作。但他又是一個對工作十分負責的人，認為作為一個教師，教書是他的第一個職責。在他當年住在城裡，每星期來校上課三天的日子裡，他得一早從城裡趕車來清華園。一部分的上午時間已經花在旅途上，他又不肯請註冊組將他的課程全排在下午，以便騰出三天的一部分上午時間幹他自己的治學工作。於是他實際上每星期只有四個上午可供自己治學使用，從而更珍惜這四個上午的時間，更嚴格地遵守他所自立的上午例不見客和幹其他事務的規矩。他的朋友們都知道他這一習慣，絕不在這些日子的上午去走訪他以免吃閉門羹。

抗戰時期，他把這一習慣帶到了昆明。這個習慣有一次幾乎為他帶來了不幸。1938 年 8 月，西南聯大文、法兩學院，

在蒙自上完第一學期課後奉命搬回昆明。當時昆明多數專科學校，因避免空襲干擾，都已於是年春間陸續疏散下鄉開學。西南聯大得以借賃這些學校的校舍暫供理學院春季始業作教室和宿舍之用，並以之暫供安頓從蒙自搬來的師生居住之用。金先生被安頓在昆明城西北城鄉區的昆華師範學校，我則被安頓在昆華師範學校北面二三百外昆華農業學校。聯大在昆師借賃的宿舍樓有三棟。南、北二樓為學生宿舍，二樓中間的中樓住了部分的聯大教職員。1938 年 9 月 28 日，昆明受到敵人飛機在雲南的第一次空襲。這次空襲被炸的地區恰是昆師所在的西北城鄉區。空襲警報發出後，住在這三個樓的師生都按學校前此已做出的規定，立即出校，向北城外荒山上散開躲避。金先生住在中樓，當時還正在進行他的例行工作，沒想到昆師正處在這次轟炸的中心，中了好幾枚炸彈。聯大所借賃的三座樓中，南北兩樓各直接中彈。所幸的是，兩樓中的聯大學生已全體躲避，無一傷亡。但是有兩位寄住在南樓，新從華北來昆準備參加西南聯大入學考試，未受過空襲「洗禮」的外省同學，當敵機臨空時，尚在樓上陽台張望，被炸身亡。中樓沒中彈，但前後兩樓被炸的聲浪把他從思考中炸醒，出樓門才見到四周的炸餘慘景；用他後來告訴我們的話，他木然不知所措。

空襲時，我躲避在農校旁邊的山坡上，看到了這次空襲

的全過程。我們注意到昆師中彈起火。敵機一離開頂空，我和李繼侗、陳福田兩位教授急忙奔赴昆師，看到遍地炸餘，見到金先生和另兩位沒走避的聯大同事。金先生還站在中樓的門口，手上還拿着他還沒放下的筆。

我們還在昆師、農校住了一段不長的時間。金先生和我們十幾個同事租了城內翠湖旁邊民房居住。但住了又不長的時間，這一座小院子，在另一次空襲中，中彈被毀。我們收拾餘燼和另十來個同樣無家可歸的同仁一起，遷往清華航空研究所租而未用的北門街唐家花園中的一座戲台，分據包廂，稍有修整，以為臥室。台下的池座，便成為我們的客廳和飯廳。金先生和朱自清先生、李繼侗先生、陳福田先生及我五個人合住在正對戲台的樓上正中的大包廂。幸運的是，我們在這戲台宿舍裡住了五六年，直至日本投降，聯大結束，不再受喪家之苦。在這一長時期中，金先生又恢復了他的舊習慣，除上課外，每日上午仍然是他的雷打不動的研讀寫作時間——但他答應遇有空襲警報，他一定同我們一起「跑警報」。我們也照顧他這一習慣，在這大包廂最清靜的一角落，劃出一塊可以容納他的小床和一小書桌的地方，作為他的「領地」，儘量不去侵亂干擾。他的力作《論道》一書就是在這環境下寫出來的。

另一件回憶起來的習慣小事就是在抗戰前十年中，金先

生每星期日下午在家的茶會。在抗戰前，金先生一直住在北京城裡。其中有六七年他住在東城北總布胡同一小院裡。這座房子有前後兩院，前院住的是梁思成先生和林徽因夫人一家，金先生住的是後院。他經常於星期日下午約請朋友來他家茶敘。久而久之，就成為一習慣。他在每星期日下午，都備些茶點在家恭候來客的光臨，而他的朋友也經常於是日登門作不速之客。其中有的是常客，有的是稀客，有的是生客。有時也還有他在心血來潮時，特約的客人。我是常客之一。常客中當然以學界中人為最多。而學界中人當然又以北大、清華、燕京各校的同仁為最多。但也不排除學生們。我記得，在我作為常客的一兩次，我就遇見了一些燕京大學的女學生。其中有一位就是現在經常來華訪問的華裔作家韓素音女士。學界中也還有外籍的學人。我就有一次在他家星期日聚會上遇見20世紀30年代美國哈佛大學校長坎南（Walte B. Cannon）博士。他是由他的——也是金先生的常客——女兒慰梅（Wilma）和女婿費正清（John K. Fairbank）介紹的。此外，他的座上客還有當時平津一帶的文人、詩人和文藝界人物。有一次，我在他的茶會遇見幾位當時戲劇界的正在綻蕾的青年演員。另一次，我又遇見幾個玩鬥蟋蟀的老頭兒。人物的廣泛性是這茶會的特點。

抗戰爆發後，後方的顛沛流離生活不允許有這種閒情逸

致。抗戰勝利後，金先生不再離群索居住在城內，而搬來郊外校內宿舍居住，這一已是多年不繼續的習慣，更是提不起來了。我不知道金先生是否會引為憾事，但我相信這些過去曾為其常客、稀客、生客的，倒會感到若有所失的。這雪爪鴻泥也只可成為留下的模棱記憶了。

1993 年 5 月 10 日

憶念周培源先生

　　周培源先生和我六十多年的深交，開始於他從美國學成歸國、到清華大學物理學系任教的 1929 年。實際上，他和我在 1918 至 1920 年，是清華學校的同學，但因為不是同級學生，故不相認識；在 1924 至 1926 年，我們還同在美國留學，但當時，他就學於美國中西部芝加哥城的芝加哥大學，而我則就學於東部劍橋城的哈佛大學，無緣謀面。

　　周培源先生在清華的物理系任教，而我則在清華經濟系。如果不是由於一個可以說是偶然的機遇，我們也許不會成為深交。培源先生來清華後，住在工字廳旁的單身宿舍。而我，則從 1927 年秋季起，已和葉企孫先生合租北院七號小住宅居住。當時，有些教師住在城裡，只於有課之日上午來校，下午回城。他們和住在單身宿舍的教師都有吃飯不方便的問題，因此，企孫先生和我，從 1928 年起，就在我們寓所組織一小飯團。我現在還記得，先後參加這個飯團者，有金岳霖（哲學系）、張奚若（政治系）、浦薛鳳（政治系）、薩本鐵（化學系）、薩本棟（物理系）、葉公超（外語系）、施嘉煬（土

木工程系）等人。企孫先生當時是物理系主任兼學院院長。培源先生加入這個飯團。培源先生在我們寓所就餐直至 1932 年他結婚成家時為止。這飯團成為這些不同院系同仁後來長期友誼的紐帶。

培源先生在清華當學生時，是一個體育運動健將，專於中長跑。在他於 1929 年回清華任教時，他的越野賽跑的記錄尚懸掛在體育館大門的側牆上，直至幾年後才被打破。但在他返校任教的頭幾年，他對於體育運動似乎毫無興趣。

1931 年「九一八事變」和隨之而來的帝國主義侵略面貌的暴露引發了校內敵愾同仇的氣氛，同學們紛紛熱誠地參加軍事訓練。不知道是否多少也受這一氣氛的影響，在教師中，也就有人發起組織一個步槍射擊訓練班。當時恰有外文系新聘來校講授英語的一位檀香山美籍華裔青年教師。他曾在美國陸軍騎兵部隊當過小軍官，不久前剛期滿復員。我們成立一個步槍射擊班、一個馬術班，請這位教師來輔導。我參加了這兩個班。培源先生只參加射擊班。他說，他在家鄉時，已學得土法騎馬術，不必再加以西化了。

幾月後，這兩個班都結束了。但在其基礎上，卻派生出兩個組織：一個是清華騎馬會，一個是與協和醫學院工作人員合組的北京獵人會。培源先生參加了獵人會；我則兩會都參加了。獵人會具體的活動是每年春秋二季，會員分別於週

末來京郊或去京綏鐵路上之沙城村打雁；一是冬季遠足去山西獵取鹿和野豬，或去綏遠獵取野羊，特別是那裡特產的大角羊。培源先生參加了獵人會，但不常出獵。記得只有一年冬天，他和我及清華大學王文顯老師、陳福田先生和四至五位協和醫院的大夫結伴去山西打獵。到駐地後，每兩個人結為一組，由一位嚮導帶路，一早帶乾糧入山尋找獵物，在天黑前趕回駐地。如此者四至五天。培源先生和我結為一組，我發現他的定向本領特強。在山中轉來轉去，我有時轉糊塗了，而他仍然老馬識途地認得歸路。雖然每日都有個嚮導帶着我們去尋逐獸跡，但經常是在山中白轉了一天，見不到任何獵物。我們一組運氣還算好，在這幾天內，他打到了一隻野豬，我打到了一隻鹿。這是我們唯一的一次結伴行獵，但是一個人的性格經常在這種處境中表露出來。

培源先生教的是物理學，我教的是經濟學。雖然一起吃了幾年飯，熟了，但隔行如隔山，我只知道他教的是理論物理學，而主要從事於愛因斯坦的相對論 —— 引力論與宇宙論的基礎理論的研究。對於他研究的內容，我當然是一無所知了。但從葉企孫先生對於他的器重，和聽到同學們對於他教學的反映，我至少知道他是一位飽學之士、出色的教師。

抗戰軍興，平津幾天之間就淪陷了。培源先生是和我一起從京（當時稱北平）避地先到天津的。「七七事變」後不久，

我和張奚若、陳之邁兩先生曾應邀赴廬山開會，會後立即北返。我們在坐津浦路火車到天津準備換車回北平時，才知道戰事恰於是日凌晨在平津鐵路上之楊村爆發，火車不通。我們被迫困在天津旅店中，直至平津淪陷，火車復通，才回到北平。在城內，我先去金岳霖先生家，見到培源先生一家人已於幾日前離開清華入城，積極計劃南下，而我在到北平之翌日，在聽取校務委員會讓我不必回校、即日南下商量學校南遷大計的決定後，即和培源先生商量我們兩家結伴於次日赴津。我們在次日天未亮時即去前門火車站登車佔座。不久，所有車廂都擠得滿滿的。火車準時開車，但走走停停，隨時得為日本軍車讓路，走了一整天，於晚間 9 時許才到天津北站。我們兩家仍結伴行動。從北站去旅店，入法租界的河橋已為法國兵所封鎖，説是得待翌日早上才可對行人開放。幸而同車來津的錢端升先生將他在離京前辦好的通行證讓給我們，在橋頭還費了一番唇舌，才得過橋奔赴旅店，得到休息。

我急於南下，在安頓了家屬在津的住處後，立即和陳之邁先生得旅行社一工作人員大力協助，搭停泊在大沽口一艘英國遠洋輪船到了青島，轉道濟南去南京。在南京，方得悉北大、清華、南開已合組為長沙臨時大學，三校校長已去長沙進行籌備後，我和陳之邁先生立即搭船去漢口，轉赴長沙。在青島，我去信給培源先生告以遠洋船之轉道的經驗。培源

先生亦於不久後全家來長沙，成為頭一批到達臨大的清華一家。

　　長沙臨大在長沙只存在一學期，1938年春，又匆匆遷往昆明。培源先生一家是走去香港搭船經越南之海防，再轉由河內經滇越鐵路到昆明的。我則與朱自清先生、馮友蘭先生等十幾人走公路，經廣西，出鎮南關（今稱友誼關）到河內，再由滇越鐵路到達昆明的。我和朱自清先生在河內因事耽擱好幾天，到昆明時，培源先生一家和任之恭先生一家已合賃滇池東側一私人別墅居住。雖交通不便，但環境十分優美。當時戰時的通貨膨脹尚未開始，而法幣與滇票的1：2的兌換率實際上高估了法幣的幣值。從而，我們懷有法幣的人們感覺到在昆物價（包括房租）偏低，故先到昆明的同仁幾家都以不高的租金租得很舒適的住處。

　　但不久情形開始變了。在西南聯大成立一學期之後，日機便開始空襲昆明。在培源先生滇池東側的別墅為房東索還後，他曾在城內賃一屋暫住。但日機空襲日益頻繁，聯大有眷屬的同仁都紛紛搬往昆明郊區居住。培源先生在西山山下龍王廟小村中也租一小樓安家。西南聯大校舍本部位於昆明城的北門外。龍王廟村在西山山麓，面臨滇池，離校本部約三十至四十里。雖然許多教師遠處郊外，但為了儘量維持上課的秩序，聯大的註冊組仍然堅持傳統的規章，把課程分為

抗戰期間，陳岱孫（左一）、金岳霖（右一）與周培源全家在昆明

星期一三五和星期二四六兩組。因此，教師都得在每週中每隔一日來校上課。一般教師的郊區住處離校本部少則七至八里，多則十幾里；城鄉間只有小路且無交通設施，只可安步當車，一日往返。而龍王廟離城太遠了，因此，在搬往龍王廟後的頭兩年，培源先生養了一匹馬代步。每逢上課之日，一清早騎馬進城上課，下午再騎馬回家。但兩年之後，昆明物價騰貴，他買不起飼馬的草料，只好將馬賣掉，買一輛自行車，仍然在上課之日風雨無阻地一清早進城，上完課後下午回鄉，從不缺課。

龍王廟村面臨滇池，培源先生的小樓就在湖邊，風景十分好。因此，在假日，很多他的朋友們便從昆明城西門外篆塘租船橫渡滇池到西山下他的住處盤桓一天。而我和李繼侗、陳福田三人則是小樓的常客，經常在那裡度週末。他的小樓樓下是一間大廳和一間小盥洗室。樓上有三間小屋，他們自己用了兩間，餘下一間恰好成為客房。實際上，在他養馬的兩年，我也買一匹馬寄養在他處。我經常在星期天和他騎馬去附近的村鎮「趕街子」（註：昆明當地語言，趕街[gai]子意思是趕集），購買油、鹽、柴、米、魚、肉等物品。在他賣掉他的馬時，我同時也賣掉我的馬。但在賣掉馬後，我沒有買自行車，因為我不會騎車。

在這一時期，培源先生是在十分艱苦的條件下，堅持他

的科研工作的。抗戰前，他在清華所從事的關於愛因斯坦引力論與宇宙論的基礎理論研究，由於戰爭中顛沛流離生活的干擾而中斷。到了昆明之後，他改而從事流體力學中湍流理論的研究。龍王廟村的小樓不受日機空襲的干擾，為他提供了條件。除了固定日期進城上課外，他整天關在小樓工作。我們和他達成一諒解，即便我們來到他的住處，名為作客，我們可以自行遊玩、休息完全不要他下樓操心。他於是就以鍥而不捨的精神堅持他的研究工作。他在 1940 年發表的關於湍流理論的第一篇論文就是在這樣的環境寫出來的。關於湍流的研究工作他在後來一直進行，其研究結果曾經國內外學術刊物發表，為國內外同行所稱道徵引。

1941 年 12 月，日本帝國主義對珍珠港的偷襲，將美國捲入世界大戰。培源先生於 1943 年，應美國其母校加州理工學院之聘，去加校戰時科學研究與發展局海軍試驗站作研究工作。培源先生於 1947 年自美返國繼續在清華物理系任教，直至 1952 年院系調整，轉來北京大學工作。

社會活動家的事業，恐怕在人民共和國成立前，連培源先生自己也沒想到會成為他生活的一部分。在抗戰前的清華和抗戰時期的西南聯大，他幾乎沒有甚麼社會活動可言。也許是他薄學校行政工作而不為，但對於政治活動，他似更沒表示有任何興趣。他曾幾次出國參加國際學術會議，但這些

都是嚴格的個人學術活動，絕談不上為某種代表中國，或者作為以促進國際學術交流或國際友好為目的的行為。但共和國成立之後幾十年來，社會活動卻成為培源先生生活中一重要部分。他參加了九三學社，長期擔任其領導工作。他多次代表中國出國參加國際學術交流和國際友好的工作。1950年，應英國共產黨邀請，他第一次受命作為一團員，參加以劉寧一同志為團長、英共和英國進步人士慶祝中華人民共和國成立一週年活動的中國訪英代表團。在訪英的歸途中，他又參加了郭沫若同志帶領的代表團，出席在波蘭華沙舉行的世界和平大會。在周恩來總理接見代表團的會上，代表們公推培源先生向總理彙報訪英的情況。周總理對於訪問團的工作予以肯定，而且說：「你們出國就要放手去做工作，不能縮手縮腳。」周總理這句話給培源先生很深刻的印象。後來，在他回憶這一事件的經過時，他說，總理「這一誠摯的話使我深受教育長久不能忘懷」。周總理這句話是針對他在彙報中流露出他在訪問中存在着不求有功但求無過缺乏信心的心理而發的。缺乏信心是一方面，當時也許還有不願從教研工作分心的另一方面。在他二十年代末學成歸國直至人民共和國的成立，他一直以獻身於教研事業為其畢生的志願的。但在這次訪問後不久，他卻終於改變初衷，讓社會活動佔據了他可用於教研的不少時間。這似乎是偶然的但實際上又不是偶然的。

他從參加國際交流活動中領會到，他前半生所以獻身於教研事業並不是為了個人而是為了促進祖國的現代化。在共和國成立的初期，國際交流尤其是學術交流是一個新的任務，而當時國內這一類人才又較為缺乏。如果他能在這方面多做點事，也就是為祖國的現代化盡點力量，為此而犧牲一部分教研時間也是應該的。

　　培源先生和我雖然有幾十年的友誼，但如上面所說過的，我對於他的事業是門外漢，甚至我對於他社會活動的具體事跡也知之不詳。我相信科技界同仁和社會人士對於培源先生在教研、學術和社會活動各方面的成就，一定有不少有分量的、值得懷念的「大塊文章」。而我只能拾掇幾件不為人們注意或少為人們知道的、多少屬於生活的軼事，表達我的懷念心情，或可對「大塊文章」起點襯托的作用。

1994 年 9 月 24 日

（本文是作者為紀念周培源先生逝世一週年而作）

回憶張奚若先生

　　今天我們在此開會紀念張奚若先生誕辰一百週年。奚若先生是我們教育界的一位先輩，是一位合學者和政治家於一身的人物。他先後在中央大學、清華大學、西南聯合大學任教二十多年。同時他又畢生從事於愛國政治活動。

　　在奚若先生一生的經歷中，我們看到 20 世紀中國知識分子，為振興中華，向西方覓求答案的一個縮影。清封建王朝的腐敗無能和其所導致的帝國主義的侵略使他在青年時代走上了革命的道路，加入了同盟會，積極地參加了由孫中山先生所領導的革命活動。辛亥革命推翻了清封建王朝，創建了共和國。但革命不等於建國，封建王朝的消滅並未為一個新的社會秩序指明方向和創造條件。他失望地決定出國留學。從 1913 年至 1925 年，他在北美、西歐學習研究了十二年，主修政治學，偏重於作為西方政治制度、法制等方面基礎的西方政治思想。

　　在第一次國內革命戰爭的時期，奚若先生回國了，短期地參加了以蔡元培先生為院長的南京國民政府的大學院的工

清華大學法學院政治學系畢業生合影（中排右四陳岱孫，右三張奚若，1948 年 6 月）

作。但他十分不滿於當時的政治氣氛，一年後終於棄官從教，從而開始他在上述幾個大學中的教書生涯。但他不是埋頭於書齋的一個學究而首先是一個赤誠的愛國志士。他的夙願是學以致用，學是為他的志願服務的。時代政治的動盪使他終於難免選擇教書這第二條的道路。但是在這二十多年教學生涯中，他繼續地關切國家大事和從事愛國政治活動。

他在這一段時期的政治思想，當然仍深受法蘭西革命所提出的「平等、自由、博愛」的理想的影響。這在他的文章中可以覺察到的。但抗戰時期的經歷終於不但使他產生了堅定地鄙棄當時政治階層的立場並導致他放棄了長期作為自己理想的一些信念。

於是，在 20 世紀 40 年代末，他終於接受了，我們相信，在他學生時代接觸到而未能服膺的社會主義思想，並仍以熱烈愛國者的赤誠為這一新社會秩序建設的工作，勤懇地工作了二十年。

我們今天在此開會紀念他，要向他學習，努力獻身祖國，為人民服務，為祖國的社會主義現代化做出貢獻。

1989 年 11 月 8 日

（本文原為《張奚若先生誕辰百年紀念會上發言》）

回憶劉仙洲先生

劉仙洲先生是我國工程學界老一輩的學者和教育家。1924 年，在他三十四歲的時候，他受聘擔任我國最早開辦高校之一的天津北洋大學校長的職務。四年之後，他辭去北洋大學校長的職務，於 1929 年，去瀋陽東北大學任教。1931 年，「九一八事變」後，他從東北大學轉來唐山工學院，不久即轉到清華大學任教，直至他於 1975 年去世時為止。

今天清華大學，為了紀念劉先生誕辰一百週年，在此舉行一個隆重的紀念會，我準備只講，直至今日還值得我們深思的，對於劉仙洲先生工程教學思想的回憶。

劉仙洲先生一貫主張理論與實際相聯繫。他曾徵引《春秋公羊傳》上一句話，「巧心勞力成器物曰工」，說這個「工」的定義下得最好不過了。只「巧心」而不「勞力」是只重學理而無實驗，充其量不過是一位理論工程家，可以寫文章，可以教書，但一遇具體問題，就難免不切實際；只「勞力」而不「巧心」，是只有實驗、無學理，充其量不過是一位熟練的老工匠，可以按圖製造，可以照樣仿製，但一問其所以然，則茫

然不知。

從這個學工要兼具學理和實驗二者的思想出發，劉仙洲先生進一步提出了，在工科高等院校中，應工科和理科合一的工程教育的主張。

在北洋大學慶祝建校三十週年的 1925 年，也是他就任北洋大學校長的翌年，他提出一個北洋大學今後十年「理想中之將來擴充計劃」，決心「造就『東方麻省理工大學』之始基」。他說：「工科為理科之實用，理科為工科之根基」，「工科同時兼辦理科，則凡工科各學門之根基，可由理科教授擔任之……凡理科各學門有需要實物以證明者，可由工程之設備參考之」。

當然，他所主張的理工合校是指其實質而不是指在校名上的改變；不是我們經常看到的「必也正名乎」的思想在更名問題上的作怪。即以他所舉的「麻省理工大學」一名，他也只是沿襲當時通行的、也許就帶了「必也正名乎」思想之漢譯者的譯名。因為，它的原文是「技術」或「工藝」而不是「理工」；是「學院」或「學校」，不是「大學」。他的沿用只是究其實質，而不是為之正名。

我們過去幾十年工科院的經驗和近年來的改革趨向，都證明劉仙洲先生這一思想的正確性。為了培養合格的高級工程師科學人才，我們感到加強理論教學的必要性。一個重要改革的措施就是朝着這一方向走的。是否可以說，今天國內

絕大部分的工科院校，在不同程度上肯定了這一方向。只是，如何綜合還有待於進一步的完善化。在紀念劉仙洲誕辰一百週年的時候，重新回憶他這工程教育思想是有現實意義的。因為在完善化的一題上，是不是還有許多問題是值得探討的呢？

1990 年 9 月 8 日

後園種菜憶沈同先生

　　沈同先生和我的交誼始於抗戰時期。沈同先生於 1933 年從清華大學生物系畢業，去美留學；1939 年在美國康奈爾大學獲生物學科哲學博士學位，1940 年自美國來昆明，受聘在西南聯合大學生物系任教。當時我在西南聯合大學經濟系工作。從此，我們兩人成為五十多年的西南聯合大學、清華大學和北京大學同事。

　　沈同先生來昆明時，西南聯合大學已在昆明成立了兩年。但校舍仍十分缺乏，教職員基本上自行租賃民房，分散居住。1939 年至 1942 年間，日寇對昆明空襲頻繁，不少民房遭到炸毀。為了解決教職員居住問題，清華大學在 1942 年把原計劃租為開辦而由於設備不齊而一時辦不起來的航空研究所用的北門街唐家花園內的舊戲台，經過修整，作為單身教職員宿舍。這個戲台是當年雲南軍閥唐繼堯為慶祝他的某次大壽時所建，面積還不小。台前的池座為一大廳。圍繞大廳的左右，後樓上下共有約二十幾個大小包廂和其他房屋可供居住之用。沈同先生和我都搬進了這個戲台宿舍。他一人住

在樓下一小包廂內。我和李繼侗、朱自清、陳福田、金岳霖四先生則住在樓上正對着戲台的大包廂內。從此時起，我們就曾旦夕相處歷經了抗戰後期幾年難忘的艱辛歲月。

就在這時候，在西南各省所謂大後方，通貨膨脹正開始如脫韁之馬，不斷地猛漲。我們的工資（當時稱為薪水）除了勉強夠付飯費之外，更無甚餘錢。

住進這大宿舍後，頭一件要事就是組織一個飯團，聘請一位廚師，並推選李繼侗先生為飯團總幹事。

每個月初，在領到薪水的當日，我們把幾乎每人全部的月薪交給這位總幹事，他也就立即同廚師一起上街把本月該用的柴、米、油、鹽和其他廚房用品購買齊全；還得餘下一部分錢為每日買葷素菜餚之用。但物價仍不斷地上漲，到了月底，每天買菜的錢也就少得可憐了。

於是有人想起在自己後園種菜這一着。我們所住的戲台的原址是唐家花園東北角的一個花圃，戲台佔用了花圃的一部分的地皮，餘下約兩畝餘的花圃地也就荒廢了。

建議得到同人的同意後，李繼侗先生作為生物學家又被推為種菜組的領導。沈同先生作為宿舍中另一個生物專家，當然也義不容辭地被推選為繼侗先生的助理。此外，還得有幾個打下手的人執行從鋤地到收割等等的任務。我就忝為其中之一。這樣，我和沈同先生又成種菜的同事了。陳福田先

生的家在檀香山，我們請他函其夫人，千里迢迢寄來各種的菜籽。在號稱四季皆春的昆明，我們就幾乎不擇時令地種起各種的蔬菜了。不能說我們這個菜園解決了我們飯團此後吃菜的問題，但它確實對於我們「改善生活」有不可輕視的補助。

可以說，所有負責照料這項工作的同志都是盡職的。但是沈同先生在這幾年中對菜園工作的嚴肅態度和執着精神是為眾所公認的。他的教學、研究工作正忙，每天都在生物系工作，但每日午間及傍晚回宿舍時，他必然到菜園巡視，從選種、間苗，除草、澆水到收穫，他無不親自參加。我們終於發現他這種態度和精神實是他為人處世對待一切工作的態度和精神。

時間流逝，轉瞬間，這已是半世紀以前的事了。想起昆明抗戰時期的生活，這後園種菜的景象真如昨日，而沈同先生這一樸實的形象更是呼之欲出。

懷念許滌新同志

　　許滌新同志和我的認識開始於他從上海調來北京擔任中央統戰部副部長、國務院第八辦公室副主任，兼任中央工商行政管理局的黨組書記和局長的 50 年代。我也適於當時，經高等院校大調整，從清華大學於 1952 年調到新建的中央財經學院工作；翌年，在中財院取消後，又調來北京大學經濟學系工作。在這一段時間內，我們在一些會議的場合有過多次的接觸；算是熟悉了，但也只能算是泛泛之交罷。

　　在「文化大革命」時期，我知道他失去自由，被送進了「牛棚」。隨着「四人幫」的倒台，失去自由的同志們陸續被釋放了。我特別注意到滌新同志也獲得了自由；後來又聽說他被派往社會科學院經濟研究所擔任所領導工作；但是還沒見過面。

　　有一天下午滌新同志和在經濟研究所工作的幾位同志忽然來北京大學經濟系訪問我們。這大概是在他到經濟所履新的頭幾天的事。他說，經過十年動亂，經濟所同人在長期下放後，剛剛返京恢復工作，百端待舉。但他想起一個急待解

決的問題特來徵求我們的意見，他說，他深深感覺到經濟研究所和大學的經濟系（當時具體指的是北大經濟系）不應各劃疆界，「老死不相往來」，而應該是互通聲氣，通力協作。他這次來訪的意圖就探索這種將來協作的可能性。他這一席話可以說是實獲我心。我們當天談了一下午。在幾天內。他又和我長談了兩次。我們的意見十分一致。經我們了解，經濟所和北大經濟系同人也有同樣的願望。這建議後來的發展就具體化為最近十幾年的經濟所，不但和北大經濟系，而且和人大、師大等校的經濟系，在人事教學、研究、辭書編纂、學術報刊多方面的聯繫和合作。這個對雙方有利的合作，實際上還起了團結京內經濟學教學研究工作者、促進經濟科學進展的作用。

這一次會晤，也開始了滌新同志和我從泛泛之交進入深交的歷程。在這之後的十幾年我們會見的次數也多了。在會見時，我們也總有更多接談、討論的機會。在討論中，我們逐漸可以融洽無間地交換意見。記得，在幾年前掀起反精神污染風時，我們曾經有過一次關於「異化」問題的談話。當時頗為反污染風的驟起而困惑的滌新同志對我說，他知道「異化」一詞是近年從西方經濟學中引進的，但不知道在西方這個概念如何成為一個熱門問題。我說，詳情我也沒研究過，我所知道的只是它產生自馬克思一些筆記手稿發現之後；鼓吹

「異化」者動機可能不一，但可以肯定有一部分人想以少年馬克思的思想來否定成熟的馬克思思想 —— 一種別有用心的行為。他對於我這一答覆頗有會心，報以微笑。

我和滌新同志這十幾年的論交中，特別感到的是他的虛懷若谷、胸襟豁達的風度，完全沒有時下一些人在學問上自認為隋珠在握、矜持自是的習氣。至於在工作上，他的嚴以律己，寬以待人的態度；在治學上，深刻嚴謹的風格；在處世上，充滿風趣的樂觀情緒，對革命必勝的信心等等則和他共事稍久的人類能言之，無須詞費了。這等等都是值得我們學習的好榜樣，我們也以此深切地懷念他。

1988 年 11 月 15 日

（本文是為《紀念許滌新文集》撰寫的紀念文章）

我和商務印書館

在民國初年，當我十三四歲的時候，我才第一次和商務印書館發生接觸。商務印書館成立於 1897 年。在成立後不久，為了擴大營業，曾以引進技術的形式，引進了日本的資金，成為一個中日合股的企業。1914 年，經營者決定，退還全部日股，使商務印書館成為完全由國人集資的企業。退股的時候，商務印書館以對購書者贈發購書券展銷的方式，有意地對退股一事做了大力宣傳。一個偶然機會，我上街，碰上這展銷，買了一本《英華字典》。我，作為一個讀者，和商務印書館的關係從這開始，而且大部分和外文譯著有關。

商務印書館創辦時，以編印當時所謂新型學校的中小學教科書為其最主要的業務。這是當時一切出版社不能不努力開展的業務，因為教科書銷路廣，最能賺錢。但這些教科書和我無緣。因為我在十五歲之前是私塾的學生，念的是經、史、詩文等線裝書。到了 1915 年，我入了所謂「洋學堂」後，又因急於縮短上學年限，入學時報考入了外文課「專讀班」，免修一切中文課目而專修外語、算學、外國史地、自然科目

等等。在兩年半的中學學習期間,根本接觸不到商務印書館或和商務同類的出版社所編的教材。

但是商務印書館當時出版的並不限於中小學教科書。它在當時特為突出的一種出版物是外國名著的漢譯本。這是商務印書館當年開風氣之先的工作。我少、青年時代就有亂看書的習慣,其中一部分是小說。在私塾讀書時,我所接觸到的只是舊小說。從購買《英華字典》,結識商務印書館後,我開始看外國小說譯本。在三四年中,我瀏覽了商務出版的、由林紓翻譯的大部分「林譯小說叢書」。以後我的閱讀興趣從翻譯小說轉到了社會科學名著的譯本。當時這類譯本不多,主要的也就是由商務出版的嚴復所譯的那幾本名著。我沒有涉獵及其全部,而對涉獵及者也大部分不求甚解。但這些書確是開了我的眼界,對於我後來選擇大學專業未始沒有一定的影響。

建國後,商務印書館的出版任務,經過全局安排,以翻譯出版國外學術名著及編纂辭書等為重點。在過去三十多年,商務印書館在修訂原有譯本的基礎上,更有計劃地、有步驟地翻譯出版大量的古代和現代的西方名著,其中包括不少和經濟學有關的書籍。而我,作為讀者,有時還作為關心者,和商務印書館就有了不斷的接觸。商務印書館對於國外名著的譯介,有一個詳大的計劃。這計劃還不算已經完成,而隨時

間的推移，這計劃會有所修訂和增益。我們希望商務印書館
能再接再厲，促進計劃的不斷完善化，期待十年後紀念一百
週年時，有更大的成果。

附錄

梁思成、林徽因致陳岱孫的六封書信

　　本書的附錄部分是梁思成、林徽因在抗戰後期（1943年至1945年間）從四川李莊各自寫給陳岱孫的書信，共六封。信中所談有四個方面的內容：一、梁家日常生活之拮据和窘迫；二、陳岱孫幫助梁家籌措生活費用相關事宜；三、林徽因的病情；四、朋友們的近況兼及各類家長裡短。

　　抗戰大後方物資匱乏，通貨膨脹，知識分子普遍窮困。特別是從淪陷區轉移來西南各省的，家家嗷嗷待哺，只有各顯其能，通過不同渠道爭取外界物質援助。於是，往日裡一向志趣相投、情深誼厚的同仁至交們，自然而然建立起了緊密的互助關係。他們匯總來源各異的外界支援——有現金，也有可變賣的實物（如林徽因在信中為之長篇大論、糾結不已的兩塊手錶），把其中暫時用不着的部分（甚至有人捐出本職薪金的節餘）全都集中起來，由主持者在各家面臨青黃不接時按照輕重緩急進行分配。

　　這六封書信以變賣兩塊手錶為貫穿線索，完整地敘述了一個「朋友圈」的故事。信中顯示的「朋友圈」成員有（按出

場先後順序）梁思成夫婦、陳岱孫、張奚若、陳福田、金岳霖、錢端升、梁思永、李繼侗、蕭蘧；而費正清夫婦、某位 Nancy 女士、George Kalé、John Davies、Jim Panfield，還有年輕的中國空軍烈士林耀，則是他們忠實的後援。

陳岱孫是大家公推出來的「群主」。因為他處事公正嚴謹，思慮細緻周密，從清華到西南聯大一直是主事者，威望甚高，年紀輕輕就被尊為「岱老」；而且還是單身，沒有家累，更令眾人徹底放心。

以上介紹，旨在向讀者交待一番梁林夫婦在寫下這些書信時的相關背景情況。

此外，纏綿於病榻的林徽因以絮絮叨叨的工筆文字向陳岱孫傾訴的其他種種，儘管瑣碎，卻也真實而珍貴。書信中的這些小細節，和「豈曰無衣，與子同袍」的大情懷一道，全景式地呈現了那一代知識分子在國難當頭之際的生存狀態。其中況味，令人感動，令人心酸，也令人開懷一笑，值得反覆回味。

一、梁思成信（1943 年 9 月 27 日）

岱老：

前幾天林耀 [①] 由宜賓飛滇轉印，託他帶上一函，未知已達

---

① 林耀，中國空軍飛行員，1944 年 6 月戰死。

梁思成致陳岱孫信（1943 年 9 月 27 日）

記室否？許久無音訊，也許他在滇未停留，未得晤面，未能將信面交，也不一定。我私人的那張美金匯票已託他帶印代兌了。

學社那張匯票不知已否取得？如匯款，乞匯「宜賓中央銀行苗培華先生收轉梁思成」最妥。其次則為郵匯，匯「四川李莊四號信箱中國營造學社」。屢次麻煩老兄，磕頭磕頭。

聞周公[①] 全家赴美，不勝佩服之至；在這年頭，能偕妻帶女的飛過喜馬拉耶山，真可謂神通廣大。但抵佛國之後，再向西去，不知是飛還是坐船。若是坐船，提心吊膽的滋味太不好受，未知行程如何走法，乞便中示知。

John F.[②] 回渝後有信來說熙若[③] 病了，大概是 typhus[④] 之類，不知到底是甚病？近況何如？甚念。

F. T.[⑤] 不知已自印回來否？許久以前弟曾寄他一信，久未得復，所以我疑心他不在昆明。

老金[⑥] 在華府跌入 Rock Creek[⑦]，將唯一的褲子打濕。那

---

① 周培源（1902—1993），時任西南聯合大學物理學系教授，1943 至 1946 年赴美從事研究。
② 費正清（John King Fairbank，1907—1991），時任美國國務院文化關係司對華關係處文官和美國駐華大使特別助理。
③ 張奚若（1889—1973），時任西南聯合大學政治學系教授。
④ 斑疹傷寒。
⑤ 陳福田（1897—1956），時任西南聯合大學外國語文學系教授。
⑥ 金岳霖（1895—1984），時任西南聯合大學哲學系教授，1943 至 1944 年赴美講學。
⑦ 岩溪，位於美國華盛頓哥倫比亞特區的一個公園。

晚穿着在印度買的 Military Shirt & Shorts[1] 與 Wilma Fairbank[2] 在飯館吃飯，引起全食堂的注意，以為是 Chinese "guerrilla chieftain"[3]，老闆竟不收飯錢，遂得白吃一餐云云！

雙十節前後弟或赴重慶成都一行，端公[4] 若尚未離渝，或可見着。

徽因近來不時起床走動走動，尚無不良影響。謹並聞。

弟思成　九月廿七日

二、林徽因信（1943 年 11 月 4 日）

岱老：

從通信之頻繁上看，就可以知道你新設立之「救友 agency[5]」規模已略可觀，此該受賀還是被人同情，觀點不一，還是說可賀好一點。

我們覆你的信剛剛發出，立刻又有「三錶之訊」，好事接踵，大可興奮。如老兄所言：二加二可等於四；我們儘管試做福爾摩斯一次。

據我的觀察，現時救人救肚子，這三錶如同維他命一樣

---

① 軍襯衫與軍短褲。
② 費慰梅（Wilma Canon Fairbank，1909—2002），費正清夫人。
③ 中國「遊擊隊長」。
④ 錢端升（1900—1990），時任西南聯合大學政治學系教授。
⑤ 代辦處。

都是準備我們吃的。錶之自然用處早已是為滋補生命而非記錄時間。為其如此故據在行者說國內錶已到了飽和點，故如非特別講究或時髦的，有時頗不易「變化其氣質」，正如這裡牛肉之不易蒸爛！而在美國因戰時工業之故，錶價則相當之高。博士 [①] 到底書生家死心眼，還始終以為錶所含的滋補最為豐富！實可惋惜。—— 我的意思是恐怕一錶分數人吃，無多大維他命也。

關於註明準備送到李莊之二錶，我的猜想是其中有一個為博士給我們紅燒的，另一個或許 Nancy 效法送思永 [②] 家清蒸去，送者大約是兩人，受其惠者亦必會是兩人及兩人以上無疑。這年頭無論甚麼救濟法都不免僧多粥少也。既有此猜疑，故最好先觀望一些時候等他們信來，如果有思永的一個，我們尚須得其同意如何處置。

關於內中最可能屬於我們的一個，梁公思成意見甚多，對其去留、燒煮、煎烤問題頗不易決定。原因是雖然我們現在蟄居鄉僻，山中方七日，世上可能千年百年的時間，我們到底還需要保存時間觀念，家中現時共有舊鐘錶六七個，除來四川那一年咬着牙為孩子上學所賣的一個鬧鐘外，其他已

---

① 即金岳霖。
② 梁思永 (1904—0954)，梁思成之弟，時任中央研究院歷史語言研究所研究員。

完全罷工者四，勉強可以時修、時壞、時行、時歇者二。倒着便走、立起便停者有之，週中走得好好的、週末又不走了的亦有之；玻璃破而無法配者有之，短針沒有、長針尚在者有之；此外尚有老太太的被（在昆明時）工友偷去而因丟在地上、贓物破獲、錶已粉碎者，及博士留有女友（E. F.）像片在殼後而錶中缺兩鑽者。此間雖有莫宗江[1] 先生精於修錶且有傢伙一套，不時偏勞，不用我們花錢，但為掙扎保存時間觀念而消耗去的時間與精力實不可計量！

愈是經過了困難，思公對錶興趣愈大，現已以內行自居，天天盼着弄到一隻好錶可以一勞永逸。據他結論如下：

（一）錶分各種 made[2] 及各種 grade[3]

（A）made 最知名的是 Omega、Cyma、Mavado、Tissot、Longines（都不是美國本身出，all Swiss made[4]）及 Elgin（美國所出）。

（B）各種 made 之中都可有上中下各等 grades

所謂上者乃是從十九至廿一鑽，中者十五或十七鑽，下者在十五鑽以下、七八個至十三鑽等，但多半不寫在錶後。

（二）錶可以以各種價錢決定其等級

---

① 莫宗江 (1916—1999)，中國營造學社成員。
② 製造。
③ 檔次。
④ 全是瑞士造。

（A）在戰前上海，一個錶，外殼平平，註：許多錶價錢都落在外殼之裝飾上（steel、chromium[①]等），而價錢在百元至百五十元之間便是個可以非常經久之好錶。外殼平淡、價錢在五六十元間乃中等好錶，三四十乃至以下便都是如Ford、Chevrolet[②]階級之汽車。

（B）在戰初的香港，一個錶（外殼平常）價在七八十港幣以上乃上等錶，價在三四十以上乃中等，以下就是下等了。而梁思成本人就在那時買了一個廿二元港幣之時髦錶，洋洋得意了僅兩年，此錶便開始出花樣，現在實已行將就木、病入膏肓的老太爺，老要人小心服侍還要發發脾氣，最近連躺着也不走了！

話回原題上來，現在的問題是博士三錶照以上標準觀察的話，據你看大約是哪一種？如果是十七鑽，真大可以留下「自足用」之，尤其是在我們現時之情形下，今冬糧食費用都可支持若干時日，而錶的問題則實在非常狼狽。

此次胡博士[③]曾送傅胖子[④]十七鑽之Omega一隻，外貌又時髦，內容又是相當之「中等」，如果金博士所購亦有此規模，則不但我們的一個可留，你經手那一隻大概亦可多榨出一點

---

① 鋼、鉻。
② 福特、雪佛蘭。
③ 胡適（1891—1962），當時旅居美國。
④ 傅斯年（1896—1950），時任中央研究院歷史語言研究所所長。

油水脂肪也。

以上關於錶之知識大可幫你們變化其氣質時用也。

上次所云有人坐船來替費正清，此人名 George Kalé，我曾説博士或託其帶現金，那完全是我神經過敏 (jump into a conclusion)。因為博士説 when Kalé arrives, your financial difficulty may be relieved[1] 等等，我又聽到 John Davies 為端公帶現票子在皮包內，因飛機出事跳傘時脅下皮包猛然震落等等（後來竟然尋到），我便二同二放在一起，以為博士或亦託人帶票子來。路遠通信牛頭不對馬嘴，我總想博士必會做出許多很聰明或很不聰明的事。

此信之主要點除向「救友 agency」道謝外，便是請代檢查錶之等級以備思公參考決定解決之法。如果是個中錶（那便是我們所盼之「好錶」），再煩人帶到重慶交 John[2]（在替手未來前，他總不會離開），而思成自己便快到重慶去了。

不過多半此錶是十數元美金者，在美國錶是貴東西，十數元之錶大約不會太好的，如何請老兄檢查，我們等你回話。（如果是 cheeper grade[3]，當然以在昆明出脱為上算。）

不會寫短信的人寫起來信總是如此，奈何？還有一點笑

---

① 意為「Kalé 到後，你們的拮据狀況諒可緩解」。
② 即費正清。
③ 便宜貨。

話新聞之類，可許我翻一頁過去再寫一點，因為既有寫長信之名，應該也有多新聞之實。

　　近一年來李莊風氣崇尚打架，所聞所見莫不是打架；同事與同事，朋友與朋友，職員與上司，教授與校長，inter-institute^①，inter-family^②。胖子^③之脾氣尤可觀，初與本所各組，後與孟和公^④，近與濟之公^⑤，頗似當年老金所玩之蟋蟀，好勇鬥狠之處令人欽佩！！！這裡許多中年人牢騷、青年人發瘋自不用說，就是老年人也不能「安之」。濟之老太爺已一次遊重慶，最近又「將」兒子「一軍」，吵着重遊舊地。方桂^⑥把老太太接來之後，婆媳間弄得頗僵（媳婦便先赴渝去看自己母親），老太太住了些日感到煩悶又要回重慶，因此方桂又大舉奉母遠行。故前星期當這裡博物院^⑦職員押運石器時代遺物去重慶展覽之時，同船上並有七十六歲之李老太爺一人，七十三歲之李老太太一位。一艙四位就佔去兩李家的老人兩位，雖不如石器時代之古，責任上之嚴重或有過之，同行之押運員當然叫苦連天。（好在方桂自己也去，只是李老太爺一人

①　機構之間。
②　家庭之間。
③　即傅斯年。
④　陶孟和（1887—1960），時任中央研究院社會科學研究所所長。
⑤　李濟（1896—1979），時任中央研究院歷史語言研究所研究員。
⑥　李方桂（1902—1987），時任中央研究院歷史語言研究所研究員。
⑦　指中央博物院。

需要 extra service①。）

近來各人生活之苦及複雜本來可以增加大家之間彼此同情，可是事有不然者。據我們觀察，大家好像愈來愈酸，對人好像傾向刻薄時多、忠厚處少，大可悲也。我們近來因受教授補助金之醫藥補助過兩次，近又有哈佛燕京之款，已被目為發洋財者，思成感到中研院史語所之酸溜溜，曾喟然歎曰：洋人固窮，華人窮則酸矣，頗有道理。好在我們對於這裡各機關仍然隔閡，對於各種人之寒酸處不甚有靈敏之感覺，仍然像不大懂事之客人，三年如一日，尚能安然無事，未曾頭破血流如其他袞袞諸公，差足自慰。此兩三段新聞寫得不夠幽默，比起實在內容差得太遠，但無論如何仍是 gossip②，除至熟好友如繼侗③、叔玉④、熙若諸公，實不足為外人道也。

徽因　十一月四日

三、梁思成信（1944 年 5 月 22 日）

岱老：

前些日子接到老兄匯來一萬二千元，救了一個急。前

---

① 特別照顧。
② 閒話。
③ 李繼侗（1897—1961），時任西南聯合大學生物學系教授。
④ 蕭蘧（1897—1948），時任西南聯合大學經濟學系教授。

日我們忽得了一點意外的接濟，手邊鬆了一點。因想昆明的窮朋友們也許有需要接濟的，故現在匯上一萬二千，請老兄分配。別人我們不知，熙若一定窘之尤者也。又煩老兄做 agent[①] 一次！對不起。

老金的那兩個手錶若尚未賣出，（在將開參政會之時）請託人帶重慶交傅孟真帶給我。最近在宜賓打聽得知手錶在宜賓銷路尚好，價亦比昆明重慶略高，不妨在此一試也。或留一個在昆明售出，寄一個來。

徽因自三月底又病至今已兩月。痰液化驗結果無 T.B. 菌[②]而甚多 Streptococcus[③] 與 Staphylococcus[④]（才知道一向氣管炎都受這毛病的磨折），吃了許多 Sulfathiazole[⑤]，現在已不發燒，頗足告慰。但一病兩月亦真難乎其為病人也。

近來宜賓機場已擴充為美國空軍空運基地，終日頭頂軋軋機聲，打破鄉下歷來的沉寂。不過河南戰事緊張的時候，我們只能看見一星期乃至十天前的重慶報，真急煞人！

博士六月十二日起程，聽說行李限制重量極嚴，怕回來連冬天衣服都帶不了多少，他原有的又已送了人，不知他如

---

① 代理人。
② 結核桿菌。
③ 鏈球菌。
④ 葡萄球菌。
⑤ 磺胺塞唑。

何過冬也。昆明朋友們近況何如，乞賜數字。敬頌

研安

弟思成　五月廿二日

四、林徽因信（1944 年 8 月 5 日）

岱老：

你以元老的資格給我們的信早已收到。又有款來的新聞自是好新聞。那時正值思永相當的窘迫，得了這新聞自是感激 agency 組織之擴大與周密，老朋友關心之實際化。

當時一得消息我連忙派了再冰①小姐做聯絡員上山去報告她的三叔，誰知這小姐本來有點不好過，趕了一個來回之後便病倒了，那時我又在發熱，家中便又陷入紛亂而思公便忙了起來。這下子倒弄成了我們兩人都沒有回你一信的事實。

日子過得真快，再冰一病也就三星期，這一波未平時便又被從誡②少爺將了一軍：原來重慶清華中學招生就在七月廿九。一切迫在眉睫，於是老子連孩子本人都臨時抱起佛腳，請了先生補補溫溫。此外做母親的便找女工來為小學生趕製

---

① 梁再冰（1929—），梁思成、林徽因之女。
② 梁從誡（1932—2010），梁思成、林徽因之子。

蚊帳及衣服！這年頭買不起布，所以便拆了這件變成另一件，居然在十日之內穿的、蓋的、用的一切也都有了幾件可以拿出去洗而不會立刻破成碎段的。這在我們家庭中已是樁很吃力的事。那時又正是寒暑表到了九十幾度 [①] 的時期。大家出錢的出錢，出力的出力，而又都出了汗。

這也都是説我們未寫回信之「尚可原諒之處」，想必理會得到。我們的確很慘，也很懶，也很可原諒的忙不過來。

上次寄回款的原故是因為我們驟然收到兩三處給我們接濟，一時感到過於闊綽及自私，所以先寄還你那邊接濟其他需款之尤急者。這次如果寄來，則我們不但自當接受，並且也大有需要。兒子上學，爸爸送去，這一下子是去了全部可動之財產。所以當日之闊綽情形已成過去。而今後之窮酸情形正在侵入中。

兩隻金錶之從重慶轉到李莊，大家檢查觀摩歎息了，但亦尚未賣出。原來還是個十九鑽石者，真可惜外貌之不揚若是。思公帶了一個到重慶，預備如果臨時有在陳之憂時出脱，另一個在宜賓候主顧。一切又都該向你道謝也道歉，請你別煩厭這重複的幾句話。思公七月廿七到達重慶的，忘了説了。

金博士大糊塗之處依然。曾來信告訴我六月十二日一定

---

① 這裡使用的是華氏度，相當於攝氏三十幾度。

離開美國。我這死心眼人在相當懶的情況下便計算着四月底為這邊最後發信時期。偏偏四月一個月我病得快死了（比第一年有過無不及），非常怕告訴他這邊情形。而因此說瞎話如同「身體甚佳」這一套，又怕地獄中割舌頭，所以便以無消息即為好消息的原則保守緘默。等到病稍好時已五月初，於是急得寫封信由美使館 Panfield 轉去。以為可以快！誰知為朋友轉信在使館「袋」中是違背定規。這位 Jim Panfield 急得沒法，只好代我將信中大意轉給費家，再請費家轉金博士等等。這邊亂了一陣而他老先生最後的信（昨日收到），六月底費尚在紐約，信裡說須至八月才走！（當中有過兩信，奇怪我們怎麼沒有信等等。）他居然現在得到 J. P. 轉去消息才知道我以為趕不及而停止發信由郵局寄等情形。自認糊塗把一切看得那麼確定。

至於他坐甚麼樣交通工具回國，一字未提！坐船之議也未說起。只提過行李限制量，船比飛機大得多一事而已。據他說眼已割好，雖然看得清楚，而兩眼不合作這情形是否暫時亦未說。

來信說種勝利菜園，非常羨慕。我們每年六棵番茄在花台中，今年全數失敗！

照例我把信寫到無法簽名時為止，這封也是如此。

徽因謹簽名於此了　八月五日

五、林徽因信（1944 年 9 月 2 日）

岱老：

上次人太糊塗，給你的信忘卻寫上「航空」兩字，現在一直在幻想着它已失落在十八盤三十六盤等深山之中！

以徐錫良名義匯來巨款已收到兩週。肉已多買幾斤，且吃過一隻肥雞。錢之作用今年又多了一層認識。梁思永一家窮愁相當，經此「匯」之後眉頭確見開展。感謝不盡。

如果上次的信真的失落，那麼在此再報告一下：梁氏父子到京裡投考狀元去也。至少梁從誡是去投考。昨有信來，兩校均已錄取，成績不壞，可是中間又費躊躇，不知決進何校為宜。一慕母校之名，一貪沙坪壩有友人照應之便，結果仍入了南開。兒子一路如劉姥姥進入大觀園，聞見莫不感新異，老頭兒卻眼見車費飯費之大貴，天天叫苦連天，歎息不已。本要立刻回李，又不幸得到中基結束消息，只好守在首都等等碎骨頭啃。整年掙扎汗流滿背，現在一半寄居博物院之籬下，滋味甚苦，中基結束正不知下文如何！！

今夏我的養病等於零，精神上太勞苦，體溫又上去，真不願在博士回來時告他此種不爭氣的消息，但不說則必需說瞎話，正不知如何是好。不過博士大約也是預備割舌頭的，他並不告我們坐船而瞎說大約八月中才離美等等！我真希望海上

林徽因致陳岱孫信（1944 年 9 月 2 日）

真的安全，他這種走法實是加增友人惦掛，嚴格説，並不慈悲。

　　林耀六月廿六在前線機中彈失蹤至今無消息。大約凶多吉少。聞訊愴然累日，一切不堪回想。抗戰七年直接傷亡消息以空軍為最重，我已多次驚弓之鳥，見到不常見之空軍友人姓名在信封上，就知道常見的名字已不能自己簽名來信！難過之極。

　　端公信不日就回。你的菜園安吉否，念之。

　　極念熙若一家，卻因自己無信，不敢問候。

徽因匆匆　　九月二日

六、梁思成信（1945 年 4 月 15 日）

岱老：

　　在渝相左，歸來又已兩月，悵何如之！去冬匯下之一萬四千元（內學社一萬，老金薪四千）徽因固早已收到；昨天又接苗培華轉來匯下一萬二千，大旱雲霓，感甚感甚。想此是處分老金金錶之結果，在此年頭錶之「不正當用途」確較「正當用途」重要多矣！此事累及老兄，經年累月，歉疚無虺。徽因近來又感冒，經過一個月，尚未肅清，亦未知引起舊病否，真令人焦灼也。敬請

研安

弟思成拜上　　四月十五日

編後記

劉昀

一

本書收錄了陳岱孫先生的二十三篇文章，除《綏北道上》寫於 20 世紀 30 年代，其餘均為其晚年之作，所記所憶者，大多又是前半生的往事。

陳先生為文嚴謹，記憶力超強，所著文章，一字一句，皆為信史。

陳先生修辭樸素平實，雖字斟句酌而無矯飾之感，看似淡淡如水，實則飽含真情。文如其人。君子之風，溫潤如玉。

二

陳岱孫（1900—1997）與 20 世紀同齡。他生於清光緒二十六年，這一年，北京發生庚子事變，我國陷入有史以來國運最為衰落的谷底。

由於地方官員的明智，遠離京城的東南各省得以偏安，北方地區的戰亂沒有波及這裡。故鄉福州街市太平，波瀾不

驚，這是陳岱孫儘管生逢亂世，但能夠幸運地在安定環境中成長並且接受良好早期教育的一個重要原因。

陳岱孫出生於一個世代官宦之家，前代且不論，祖父（陳寶璐）和兩位伯祖（陳寶琛、陳寶瑨），便是「兄弟三進士」。父親（陳懋豫）和叔父（陳懋咸）也都有舉人功名。循着家學的軌跡，陳岱孫在四歲時開蒙，六歲起正式入塾讀書。

帝制時代，我國的私塾儘管由各地鄉紳自行捐資籌款舉辦，但課程體系實有一致的程式，均以「四書、經、史、詩、文」劃定範疇，培養學童的國文功底。

私塾教育並無規定年限，一切以科舉功名的進階而定去留。1915 年，陳岱孫年屆十五，已入塾九年。此時，距清廷廢除科舉已歷十年，距辛亥革命成功、中華民國創立，以及陳岱孫嚴厲守舊的祖父辭世，已歷三年。此時，陳岱孫才經較為開明的父母決定，轉入新式學堂 —— 福州英華學校（六年制中學）就讀。

在新學校和舊私塾並存的歷史轉型時期，學校既要正常招生，也要為逐漸脫離私塾的舊學生們安排進學的通道。

學校暫將課程分為中文、外文兩部，舊塾學生如申請插班入學，則先要通過中文部的綜合考試，考試內容就是私塾裡的學問。通過考試的學生，學校根據其考分，准其在入學後免修部分甚至全部中文部課程，為其專心惡補外文部各科

（數學、物理、化學、地理、生物、外國歷史等）提供方便。
此等安排十分人性化，意味着「新學」藉助現代考試制度，對
「舊學」成果予以完全承認。

陳岱孫是這項善政的受益者，十五歲的他順利通過考
試，插班入讀英華學校初中三年級，免修全部中文部課程，此
後專讀外文部，僅用兩年半便修畢了四年的課業，取得高中
畢業的資格。

關於在私塾和學校的兩段學習生活，陳岱孫分別撰寫了
《私塾內外》與《我和英華學校》加以記述。這兩篇文章是作
者以一位傑出的教育家的身份，對 20 世紀初葉我國教育制度
變遷的回顧。他一邊遙想年少時光，一邊在不經意間揭示出
「學貫中西」是如何煉成的。

學貫中西，是後世賦予那一代學人的一頂光環。陳岱孫
以其十分典型的求學經歷告訴讀者，這頂光環的形成純屬偶
然。它是百年前中國步入近代化社會，教育制度相應發生重
大變革時期的一個歪打正着的產物。局中人 —— 施教者和受
教者，在當時都還徘徊於「中學」、「西學」之間，進行着非此
即彼的艱難取捨，恐怕沒有人顧得上系統地思考「學貫中西」
的長遠意義，更沒有人料到在數十年之後，學貫中西者竟成
為稀世之寶。

學貫中西，其發生的歷史環境不可複製，其「為往聖繼絕

學」的歷史作用不可複製。前無古人，後無來者，再也不會有了，大概也不需要再有了。

此外，從陳岱孫的私塾經歷，讀者大概可以得知，時下鼓吹振興所謂國學者，及其為數同樣眾多的反方，七嘴八舌，實際上沒有幾個人真正了解國學和國學教育。

清末民初，陳岱孫的父系家族式微，而母系羅氏則憑藉着福州船政事業應運而起。

外祖父（羅豐祿）畢業於船政學堂，留學英國，職業生涯先是海軍將領，後是外交官，其子侄（陳岱孫的舅父們）大多有留學背景，亦以外交為業，紛紛在晚清、民國時代受命出任我國駐外使節。

母親（羅伯瑛）是家中長女，於 1967 年去世，壽享九十。夫君走得早，獨子岱孫終身不娶。母慈子孝，相依為命。

陳岱孫與母系家族的感情更為親近。他幼年曾一度患上被中醫視為不治之症的肺結核，當時在外婆家採用西醫方法治療休養，不久便得以根治。陳岱孫從私塾轉入英華，以及畢業後選擇投考清華學校，均受到羅氏親屬的重要影響。

當年，羅家的大洋房與英華學校校舍同在閩江南岸的倉前山。

幾十年過去，物換星移，滄海桑田。

剩下的是聲音——舊時每年春夏之間，窗外江面上的船

工號子，伴着潮聲，是縈繞在遊子心頭的鄉愁和寂寞。

散文《鄉聲》，係陳岱孫 1984 年應《福州畫報》之約而作，載於「我的家鄉」專欄。

1918 年，陳岱孫考取清華學校。

清華是中國外交部利用美國退還庚子賠款開辦的留美預備學校，學制八年，初等科四年，高等科四年，前六年相當於中學，後兩年相當於大學一二年級。陳岱孫插班入讀高等科三年級，那就是大一學生了。

清華學校畢業生一律保送留學美國，去完成大三大四的學業，以及繼續深造。他們的留學費用，連同在清華期間的學費，概由美國退還庚子賠款項下列支，因此，史稱這批人為「庚款留美學生」。自 1911 至 1929 年，總數不足千人，皆當世之俊彥。

「庚款留美學生」這一身份令後輩學人肅然起敬，然而在當事人那裡，卻是一個具有深重恥辱感的標籤。用洋人開恩退還的戰爭賠款出洋念書，不是甚麼光彩的事。陳岱孫說，他們那一代人的愛國主義近於狂熱與執拗。因此，我們不難理解，留美六年有餘、在哈佛大學獲得博士學位後歸國任教的陳岱孫，何以堅持在國內講課時絕對用中文表達而不着西文一字，並將其作為一條終身自律的原則。這一細節，他寫在了《我的青年時代》一文中。

　　《往事偶記》和《我的青年時代》是兩篇自傳體文章。前者述及的時間範圍截止到 1952 年陳岱孫因院系調整從清華去往北大；後者，陳岱孫將自己的青年時代終結於 1937 年抗戰爆發之際。

　　《往事偶記》名為自述，實為勸學，是陳岱孫的名篇，作於 1982 年。當時，國人被「文革」壓抑了十年之久的讀書熱情正處於空前高漲的時期。《往事偶記》以作者的求學、治學經歷為主線，滿懷溫情地回顧了人生中黃金般的讀書歲月，亦對八年抗戰、十年「文革」這近二十年的讀書空白期深表沉痛。

　　《我的青年時代》作於十二年後的 1994 年，這時距陳岱孫辭世只剩下三年。這是一篇比較純粹的自傳，涵蓋的年份較《往事偶記》為短，而篇幅更長。觀其文氣之充沛、感情之無拘無束、邏輯之嚴整、史實之精確，很難相信文章乃是出自一位九十四歲高齡的老人之手，初次發表時，還是以手稿刊印，可見作者一生為文治學之勤奮作風。

　　九十四歲的陳岱孫審視自己漫長的一生，決定把「生平最寧靜，雖然最平淡，而也許是最快樂的時期，尤其當回憶起來，是最值得懷念的時期」，即 1928 至 1937 年，他任教清華的第一個十年，框進了他的青年時代。

　　陳岱孫的清華生涯自 1918 年始，至 1952 年止。其間包

括在清華學校就讀兩年，以庚款留美七年，歸國後任教清華二十五年，凡三十四年。

1928 年，當陳岱孫應聘任教清華滿一年之際，清華從留美預備學校正式改制為國立大學，他就任經濟學系主任。翌年，經教授會選舉，兼任法學院院長。這兩項職務，他一直連任至 1952 年。

陳岱孫以法學院院長身份，依校規，始終是國立清華大學當然的評議員和校務委員。（詳情可參閱《三四十年代清華大學校務領導體制和前校長梅貽琦》）

教學任務是繁重的，治校則是基於教職員們的信任而挑起的又一份擔當。歷史證明，陳岱孫沒有辜負這份重託。不過，如此一來，他留給自己用於治學的時間就非常有限，只能利用假期，以及在平日裡見縫插針。

經濟學系的財政學課程一直由陳岱孫主講。他是典型的講義派，備課十分用功，講義一遍一遍地講，一遍一遍地改，卻總是覺得無法令自己完全滿意而總是不肯拿出來出版。學生們則發現，在陳岱孫課上記的筆記，不增不減就是一篇渾然天成的好文章。西南聯大時期的研究生任繼愈回憶說：「這種出口成章的才能，聯大教授中只有兩位，一位是陳先生，另一位是馮友蘭先生。」

《比較預算制度》是陳岱孫編寫的財政學系列教材的第一

部，心血灌溉八年之久，但未及問世便在抗戰烽火中毀於一旦。之後，由於研究條件所限，再之後，由於國家政治經濟環境的變化，他的主要研究領域從財政學轉向經濟學說史。在1957 至 1976 年間，他沒有發表過一篇論文，沒有做過一次學術演講。

因此，我們不難理解，作為一代經濟學宗師的陳岱孫，何以只留下一部兩卷本的文集①存世。

陳岱孫是個很會生活的人，他是清華園最著名的單身貴族，社交活動頻繁，個人興趣廣泛，這從《綏北道上》即可窺其一斑。

雖然是狩獵遊記，《綏北道上》有多處筆墨提示着日軍侵我華北的時代背景，尤其在文章結尾，作者自包頭返北平，見到戰壕已掘至距鐵路僅一二百米處，歎道：寇深矣。

抗戰終於爆發，華北首當其衝。北平淪陷，好端端的清華變成了流亡大學。

1937 年 8 月，陳岱孫先行南下，籌備清華遷校，並與北大、南開合組長沙臨時大學諸種事宜。臨時大學設法學院、理學院、工學院於長沙，文學院於南嶽衡山，11 月開學。

1938 年 4 月，因戰事不利，臨時大學西遷昆明，更名西

① 指《陳岱孫文集》，北京大學出版社 1989 年 11 月出版。

南聯合大學。聯合大學設理學院、工學院於昆明，文學院、法商學院於蒙自。5 月開學。8 月，因校舍被軍方徵用，蒙自分校撤銷，文學院、法商學院遷回昆明。

1940 年 8 月，因戰事不利，西南聯大籌備入川。9 月，設敘永分校，先行安排一年級新生前往報到，次年 1 月開學。1941 年 8 月，因戰局好轉，敘永分校撤銷，人員、資產並回本校。

顛沛流離，弦歌不輟。

西南聯大實行「聯邦制」，清華、北大、南開三校仍保持高度獨立。陳岱孫在清華的本兼各職仍如其舊，同時在聯大擔任經濟學系主任，後來又陸續兼起商學系主任等職務。抗戰期間，教學與治校的任務不僅繁重，而且艱苦卓絕。

不得不說，在西南聯大，清華一方的貢獻最大，擔當最多。三校聯合之初，隨校南來的師生，裝船運來的圖書設備，清華都佔了大半。臨時大學在長沙正待竣工、準備入駐的新校舍，也是清華校產，早在戰爭爆發前就已開建。

西南聯大的治理體制也與清華相仿。聯大儘管不設校長，由張伯苓、蔣夢麟、梅貽琦三常委聯合主事，但忠於職守並且貫徹始終的只有梅校長一人。聯大的學院院長、系主任人選，儘量在三方之間平衡，而維持校務行政全局的，清華團隊實為中堅。

　　時下，討論西南聯大校史和人物的書籍可謂汗牛充棟，看上去面面俱到，可惜，有幾個普遍存在的盲區，例如，關於人文領域學者及其事跡的敘述佔有絕對優勢的篇幅，而在社會科學、自然科學領域，則顯得非常單薄；關於既勵志、又八卦的奇人珍聞軼事，不乏津津樂道、細緻入微的描述，然而，西南聯大究竟是依靠了何等信念、動力、機制，得以在亡國滅種的危機中存續並有效運轉，究竟是哪些人在和平年代難以想像的困境中支撐局面，這方面的資料，幾近湮沒。

　　好在當事人陳岱孫的筆墨為我們留下了寶貴的線索。在他看來，流亡大學，首要的特徵就是四個字：居無定所。

　　戰前，清華大學未雨綢繆，在長沙投資興建備用校舍；抗戰爆發後，臨時大學組建，長沙新校舍尚未竣工，只好另覓他處，房源緊張，於是散居而棲；聯大落腳昆明，房源更為緊張，為結束散居局面，於是買地築屋；其間，又因前方不穩而有遷校於四川之議，於是開始新一輪「纍纍若喪家之犬」的奔波。

　　這些蓋房子和找房子的反反覆覆的過程，陳岱孫都深度參與，他是關鍵的決策者和執行者。朱自清有詩《贈岱孫》讚曰：「書林貫穿東西國，武庫供張前後軍。」

　　本書收錄了《西南聯大校舍的滄桑》和《西南聯合大學的蒙自分校》，是因為沒有人比陳岱孫更為了解這些「瑣事」。

　　抗戰結束，南渡八載的人們歸心似箭，但還是因為房子問題，不得不在昆明繼續駐足一年。而陳岱孫則受命先期北上，返歸故居，修故園，整理被日軍嚴重破壞的清華園校舍，迎接師生返校。這一年中，他核准的工程近百，經手的銀錢無數，殫精竭慮，一汪清水。

　　《日寇鐵蹄下的清華園》記述了日軍破壞清華園的種種罪行，因題所限，作者無法完整地還原接收、修復清華校舍過程的艱辛。而當其時也，國軍在清華園之干擾和二度破壞，比之日寇，有過之而無不及。

　　陳岱孫不辱使命，按期迎回了他的大學。教務長潘光旦先生踏進校園後歎道：九年噩夢，已成雲煙，今日歸來，恍若離家未久，一切如故。連平時懵懵懂懂的金岳霖教授也說，真的知識分子是可以做工作的，可以辦事的，陳岱孫是很能夠辦事的知識分子。

　　二十世紀六七十年代，西南聯大老校友懷念母校，其中有不少人上門動員他們的陳先生擔綱主持起母校的復校大業。1987 年，聯大成立五十週年，校友會舉辦活動紀念，陳岱孫到場講話：

　　　　聯大的實體已不復存在，我們聯大師生是否常有這種遺憾？其實，這種遺憾可以不必有。過去是不可追的，

時間是不會倒流的。作為特殊歷史條件下的特殊歷史產物，西南聯大這樣屹立於民族國家危亡中的流亡大學，歷史也絕不允許它有後來者。所以我們不必覺得有甚麼遺憾。西南聯大，是否只有歷史成績而沒有實體呢？我們就站在這個地方，這就是西南聯大的實體。

三

這本小書共輯錄了陳岱孫先生二十三篇隨筆，分為兩個部分。第一部分可以構成一個整體，大致勾勒出陳先生在 20 世紀上半葉的人生軌跡。

鑑於他老人家晚年一向行事低調，在應約撰寫的各篇回憶文章裡，從不突出自己，加上他前半生的事跡距今相當遙遠，其所治之學又是精微幽深、曲高和寡，無法成為專業以外人士的談論之資。漸漸地，陳岱孫在一代學人群像中變得面目模糊起來；漸漸地，關於他的傳說，差不多只剩下一個終身不娶之謎，流傳在輩分較高的北大、清華校友之間。有好些人對於陳岱孫完美人格的認識，乃是出自於對他的愛情操守的莫名欽佩，這儘管不錯，但過於蒼白了。

本書編者著有陳岱孫先生傳記《孤帆遠影》，於 2011 年面世。以傳記作者的身份編輯陳先生的這本《往事偶記》，別有一番感慨與讀者分享。

陳岱孫先生一身兼具三重身份：學者、教師、教育家。

陳先生是一位優秀的學者。他的求學經歷無與倫比，而在他治學的黃金年齡段，由於擔負繁重的教學和校務行政管理責任，以及國家遭遇大戰等種種原因，他始終沒有機會專心構建屬於自己的學術理論體系。儘管如此，陳岱孫仍出色地踐行着經濟學家的社會責任和學術良知。

在二十世紀二三十年代，陳岱孫是一名活躍的撰稿人。戰前戰後，在平津地區的《益世報》、《大公報》、《獨立評論》、《現代知識》、《清華學報》，抗戰中，在大後方昆明、重慶的《今日評論》、《新經濟半月刊》，他經常發表社論和時評，在財政、金融、國際收支、經濟主權、戰時建設，乃至內政外交等多個領域提出獨立主張，對當局的政策始終保持批判和質疑的清醒立場。

陳岱孫識見敏銳，文章講的樁樁件件都是國家當時的頭等大事。他學養深厚，看家本領是經濟學，此外，政治、法律、歷史、社會、哲學功底均很扎實，加上國文功夫了得，文章一氣呵成，立論鮮明，針砭時弊，鞭闢入裡，當世之人讀罷之後的快意，令今人感同身受。其中一些名篇，如《「均衡」概念與動態經濟》、《我們的經濟運命》、《通貨膨脹與歲計》、《中美賣銀協定》、《抗戰中的經濟政策》、《經濟自由與政治自由》等，多有普遍和現實意義，隔了七八十年，仍值得反覆

閱讀。

1933 年，陳岱孫作為中國代表團專家，在倫敦出席旨在緩和世界經濟危機的國際經濟貨幣會議。這個在今天看來絕對是揚名立萬的機會險些被他拒絕，原因只是他個人所堅持的學術觀點與掛名團長宋子文的立場不合。

1945 年，抗戰勝利，重慶談判期間，陳岱孫等十人聯名發表《國立西南聯合大學張奚若等十教授為國共商談致蔣毛電文》(即「十教授公開信」)，呼籲國共兩黨「正心誠意，循憲政之常軌，以運用其黨力，誠能以實際之措施求人民之擁護，藉人心之歸向作施政之指針」，實現國內和平。

1946 年，陳岱孫等四十一人聯名發表《北平名流對於東北問題的意見》，抗議蘇聯紅軍逾期滯留中國東北，呼籲國人警惕「九一八事變」重演。

1947 年，陳岱孫等十六人聯名發表《我們對於經濟改革方案之意見》，批評國民政府關門炮製的經改方案，「對於過去種種錯誤，未嘗虛心檢討」，「對於目前經濟危機，並無救治之能力」，表達了完全失望之意。

經濟學是致用之學，這是陳岱孫的畢生信條，而且身為表率。

陳先生是一位天生的教師。他的課堪稱條理清晰、穩重得體、細緻周密的典範，學生對此印象深刻。有人回憶道：「無

論哪樣艱深的理論，總是有條不紊的，分析得很仔細，灌輸在聽講人的腦中」；「聽陳岱孫講課是一種享受，無論誰，只要上過他的課，不能不讚歎他的口才，雖然是福建人，可是國語講得夠漂亮，一個一個字吐得很清楚」；「在上課的時候，學生沒有一個敢作聲的，只精心凝聽，因為他的聲音是有節奏的，有韻律的，能使人如同聽音樂一樣，起着一種內心的快感」；「一言一義無廢辭，同學伏首急書，下課略加整理，即為一完整之講稿」。

課堂上的陳岱孫，衣冠整潔，一絲不苟，舉止高雅，兼有中國學者風度和波士頓少年派頭。「岱孫師偉岸修長，雙目炯炯，予人第一印象，可望而不可即，頗有高山仰止之感。」每次上課，他總會提前幾分鐘站到教室黑板前，板書本堂課的提綱和參考書目，上課鈴一響便準時開講，如有學生遲到，則必約略重複一次。他一般很少提問，但樂於回答學生的任何問題。課堂上的每一分鐘都在陳岱孫的控制之下，下課鈴響，他也剛好講完。

陳岱孫認為教師用中英文夾雜着講課是殖民地心態的表現，所以，在 1927 年赴任清華教授的途中，他就在備課時一口氣把所有在講授中可能涉及到的學術術語、概念和藉以表達意思的辭句都譯成中文。從第一天上課起，他在課堂上就純粹用中文講，只在特別必要時才把原文寫在黑板上當作

註釋。

看到學生手裡的教材和參考書還是英文的，陳岱孫很快就產生了一個宏大的志向──編寫中文教科書。他為了《比較預算制度》，專門利用年休假到歐洲去查資料買書。可惜在抗戰爆發之際，他剛從廬山回到北平，過家門而未入就受命赴長沙組織清華南遷。隨着北平淪陷，以及之後日寇將清華園裡的教授住宅強徵為隨軍妓院，書稿就此遺失。

全用中文講課，編寫中文教材，為此，陳岱孫到底翻譯引進了多少經濟學專業名詞和術語，已是一件難以統計和考證的事。

陳岱孫到清華後，每學年教三門課，經濟學概論、財政學、經濟學説史，每週十五課時。第二年，他擔任經濟學系主任，第三年（1929）起又兼任法學院院長，管着政治、經濟兩個學系，這才根據校規被豁免了一門經濟學概論，改為每學年只教兩門。抗戰期間，在西南聯大，由於經濟學系蕭蘧教授奉命另有任用而離職，經濟學概論又被陳岱孫接了過來。

西南聯大經濟學系沒有秘書之類的職員，因為沒有需要──系主任陳岱孫親自製訂教學計劃，安排課程，以及與三校協調商定各門課程的教員人選。他從不管教員如何講課，不過對於他們每人講授的主要內容和觀點皆能了然於胸。

對學生，陳先生則不斷告誡：「治學如築塔，基礎須廣

大，然後層層堆建上去，將來總有合尖之一日，學經濟學欲求專門深造，亦應先奠廣基」，要求他們在本系課程之外，同時注重培育在其他學科領域的素養。在他的倡導和主持下，從清華到聯大，經濟學系一直以「理論、事實、技術三者兼重」作為培養目標。

禮敬名師，加上堅持實施通才教育，使得聯大經濟學系一屆屆學子受益匪淺。他們當中的一些人，或被選送，或通過其他渠道去美國繼續學業。到了之後，發現當地學校的大多數課程都「極容易」，有時候，所發表的專業見解竟然令洋導師啞口無言，聯大畢業生這才明白了母校的厲害。

在西南聯大，經濟學系（含商學系）規模最大，各年級在讀學生總數一度超過五百人，每年畢業人數最多，但不愉快的事情發生最少，師生多把這歸功於系主任陳岱孫的「治事明快，言出必行，寬嚴相濟」。

陳岱孫待人之嚴，有例為證。每學期開學時，學生都要填寫選課單，然後恭恭敬敬地排隊請系主任簽字批准。一次，某系某生在單子上填了門「國濟貿易」，陳岱孫用鉛筆指一指「濟」字，說「改一改」，某生馬上改為「暨」字。陳岱孫二話不說，把這門課用筆劃掉，替他填上了一門三學分的「大一國文」。還有，某生為選課而私刻了一枚陳岱孫的圖章，被學校註冊組發現，要開除學籍，跑來苦苦討饒。陳岱孫不為所動，

稱不追究其偽造印信之罪，已屬寬大，還有甚麼可通融的？

陳岱孫待人之寬，亦有例為證。他將豐富的政商各界人脈資源毫無保留地貢獻出來，為畢業生盡心謀事。凡有求助者登門，一概熱誠接待，絕不拒人於千里之外。僅此一條，便足令全系學生對陳岱孫敬如神明，絲毫沒有怨言。

陳岱孫真心愛教書、愛學生。即便後來對北大招收的工農兵學員，其中大部分人要從初中課程教起，他也是一樣滿懷溫情、耐心對待。逢人就說，儘管他們程度低，但是讀書很努力。

有教無類，是之謂也。

陳先生還是一位卓越的大學管理者，他的名字是和清華大學教授治校體制這座歷史豐碑緊密聯繫在一起的。

清華大學的教授治校體制，是一種高度自治自決、具有濃厚英美文化傳統色彩的大學治理體系。在這個體系中，由全體教授組成的教授會（Faculty）是最高決策機構，主管教學和研究的各學院院長、各學系主任均由教授會選舉產生，校長對於這些職務的任命只是履行一個形式上的手續而已。

至於校務行政管理，所有重要事項，如制定校規、審議預算決算、制定學校基本建設計劃、決定學院和學系之設立或廢止等，均由評議會（Senate）說了算。評議會由校長、教務長、秘書長、各學院院長作為當然成員，另有教授會推

舉的若干名教授參加，推舉名額比當然成員人數必須要多出一人。

校務會議（Council）負責執行評議會各項決議，由校長、教務長、秘書長、各學院院長組成，可以被視為「集體CEO」。

民國時期，局勢動盪不安，教授治校體制的首要任務是抵抗或緩和各種外部政治派系勢力的侵入和控制，捍衛教育學術民主自由。

1928 年，北伐成功，國民政府接管清華學校並將其改制為國立大學，委派羅家倫擔任校長。從這一年起，陳岱孫擔任經濟學系主任至 1952 年，擔任評議員至 1949 年評議會解散。

1929 年，為解決改制遺留問題，即（1）清華大學由外交部改歸教育部專轄，（2）學校經費 —— 美國退還庚款及其歷年提留所形成的基金之管理，由外交部把持改為託管給第三方 —— 中華教育文化基金董事會。教授會、評議會配合羅校長據理力爭，大功告成。其間，「教授治校」四個字第一次以評議會決議的形式明確提出。同一年，根據民國《大學組織法》，清華設立文、理、法三學院，教授治校體制作為國法之外的家法，開始全面規範運作。陳岱孫以法學院院長（至1952 年）成為當然的評議員和校務委員，從此盡心盡力，履

行校務行政管理職責達二十三年。

1930年，中原大戰爆發，國民政府勢力暫時退出華北。羅家倫去職。待局面恢復，已是一年以後。其間，清華校長大位一直空缺，閻錫山曾試圖派員充任，被師生拒之門外，很沒面子。校內則是一派和諧，校務會議維持一切，教授安心講課，學生安心讀書。（這一年，清華大學研究院還增設了法科研究所，陳岱孫任經濟學部導師兼法科研究所所長。）教授治校實戰成功，聲譽鵲起。

1931年，國民政府取得中原大戰的完勝，騰出手來推行黨化教育，派強勢人物吳南軒出任清華校長。吳幹了一個多月，慘遭師生驅逐。改派地質學家翁文灝代理校務，翁教授幹了兩個月，又知難而退。年底，謙遜溫和持重的梅貽琦先生到任，清華大學翻開了新的一頁，自此長治久安十八年。

儘管梅校長的法定權力受到教授治校體制的嚴重削弱和制約，但他不僅完全接受這個體制的精神，還協助鞏固和完善它。到後來，梅先生甚至認為，「校長不過是率領職工給教授們搬搬凳子的」。說這樣的話，他實在是過謙了，因為還有好幾位教授在和他一起搬凳子──教務長潘光旦、秘書長沈履、文學院院長馮友蘭、法學院院長陳岱孫、理學院院長吳有訓、工學院院長顧毓琇。

搬凳子的工作蠻辛苦，當年清華一切校務都由教授們自

治自決，因此在校務會議之外成立了好多專門委員會，各當一面。為了確保校務當局充分尊重並貫徹民意，各會人選乃按照教授、評議員、校務委員三者兼顧的原則搭配着組成。於是，一專多能的陳岱孫兼任多職：聘任委員會委員、招考委員會委員、留美公費生考選委員會委員、出版委員會委員、《清華學報》編輯、《清華大學一覽》委員會委員、圖書館委員會委員、特購圖書（中外政府刊物及檔案）委員會主席、校景設計委員會委員、學生生活指導委員會委員、八家村建設工作計劃委員會委員、特種研究事業籌劃委員會委員、特種研究事業建築財務委員會主席。其中大部分工作不幸因抗戰爆發、清華南遷而中斷。

抗戰中，清華之上還有西南聯大，陳岱孫是聯大經濟學系教授、主任，此後陸續兼起了商學系主任、一年級學生課業指導委員會委員、畢業生成績審查委員會委員等職務，還代表聯大參加西南經濟調查合作委員會並擔任召集人，代表聯大參加與北平圖書館的合作委員會。

從 1928 年改制算起，清華在短短不到十年間便躋身於世界名校之列，經費充裕且財務獨立大概是一個原因。那麼西南聯大呢？篳路藍縷，一窮二白，但「內樹學術自由之規模，外來民主堡壘之稱號」，創造出了世界教育史上罕見的成就。可見，有錢沒錢不是辦大學的關鍵。

梅貽琦說：「所謂大學者，非謂有大樓之謂也，有大師之謂也。」補充兩條，大學還必須要有能夠將大師們凝聚起來的理念——教育學術民主自由，以及一個好的制度——對內維護教學秩序，樹立兼容並包的學風；對外則抵抗或緩和各種政治勢力的侵入和控制。

負責運作整套制度的管理團隊必須由教授們信得過的德才兼備之人組成。他們作為教授和學者，在盡到本分之外，還得具備作為校務行政管理者的應有素質與品格——意志堅定、方正不阿、思慮周密、處事嚴謹、甘於奉獻、任勞任怨、世事洞明、人情練達。

陳岱孫任教清華大學二十五年，在評議會和校務會議服務的年頭差不多一樣長。他是教授治校體制創立、運行的關鍵人物，是梅校長最得力的助手。

陳先生是清華的大功臣，在兩次重大歷史關頭發揮重要作用：一是抗戰爆發時，形勢緊迫，他毅然拋下家業，奔赴長沙籌備清華南遷；二是抗戰結束後，他受命先期從昆明回到北平，一年中，接管校園，遣返日軍戰俘，同覬覦清華校產的國軍周旋，主持校舍修復和擴建工程，恢復和添置圖書設備，招考新生，籌備新學年開學，迎回全校師生。這兩次不辱使命，值得清華學人永世感念。

寫到這裡，想到時下不少人因痛心於我國高等教育令人

失望和焦慮的現狀，而大有恢復教授治校體制的議論，實有哭笑不得之感。教授治校體制的成功運行，實賴於體制開明、理念一致、用人得當。世道人心無法再現，假設把大學交給今天大批所謂的「教授」們，只怕反而會釀成一場更大的災難吧。

四

1952 年，陳岱孫先生離開清華，任教北大，專授經濟學說史課程，自 1954 至 1984 年擔任北大經濟系主任。

這期間，他遭遇了 20 世紀下半葉中國大地上發生的所有政治運動，所有「資產階級知識分子」概莫能免的衝擊，他都經歷了。

不過，也許是由於他既沒有因個人歷史問題獲罪也沒有因言獲罪的緣故，陳岱孫並未受到足置死地的羞辱和折磨，其親友和學生也無一人因為他而受到株連。另一方面，陳岱孫更是從來沒有作踐自己、打擊他人。

就這樣，陳岱孫保持着尊嚴，「安然」度過了二十年（自 1957 至 1976 年）學術空白期。這是帶着苦笑的奇跡，又是知行合一的必然。他以一葉孤帆，優雅從容並堅定不屈地駛過二十年驚濤駭浪，這包含了何等博大精深的人生智慧！

在陳岱孫先生的職業生涯（1927—1997）中，他的三重身

份，學者、教師、教育家，不能始終同時展現，在某些歷史階段，他不得不放棄其中之一、之二。只有教師這個身份一直伴隨着他，從教七十年，春風化雨，桃李滿園，他的生命由一代一代弟子延續着，不會結束。

所以，陳先生這樣總結自己的一生：「我這輩子只做了一件事，教書。」

2014 年 6 月

責任編輯　　陳　菲
書籍設計　　彭若東
排　　版　　肖　霞
印　　務　　馮政光

書　　名　　往事偶記

叢　書　名　　20 世紀中國

作　　者　　陳岱孫

出　　版　　香港中和出版有限公司
　　　　　　Hong Kong Open Page Publishing Co., Ltd.
　　　　　　香港北角英皇道 499 號北角工業大廈 18 樓
　　　　　　http://www.hkopenpage.com
　　　　　　http://www.facebook.com/hkopenpage
　　　　　　http://weibo.com/hkopenpage
　　　　　　Email: info@hkopenpage.com

香港發行　　香港聯合書刊物流有限公司
　　　　　　香港新界荃灣德士古道 220-248 號荃灣工業中心 16 樓

印　　刷　　美雅印刷製本有限公司
　　　　　　香港九龍官塘榮業街 6 號海濱工業大廈 4 字樓

版　　次　　2022 年 4 月香港第 1 版第 1 次印刷

規　　格　　32 開 (148mm×210mm) 240 面

國際書號　　ISBN 978-988-8763-84-9

本書由商務印書館有限公司授權本公司出版發行。